VECINOS INGENIOSOS

Mister Rogers
y
Jesucristo

TRACY EMERICK, Ph.D.

BOOKSIDE Press

Copyright © 2024 por Tracy Emerick, Ph.D.

ISBN: 978-1-77883-379-3 (Rústica)
978-1-77883-380-9 (Tapa Dura)
978-1-77883-378-6 (Libro electrónico)

Todos los derechos reservados. Ninguna parte de esta publicación puede ser reproducida, distribuida o transmitida en forma alguna ni por ningún medio, incluidos el fotocopiado, la grabación u otros métodos electrónicos o mecánicos, sin el permiso previo por escrito del editor, excepto en el caso de citas breves incluidas en reseñas críticas y otros usos no comerciales permitidos por la ley de derechos de autor.

Las opiniones expresadas en este libro son exclusivamente las del autor y no reflejan necesariamente los puntos de vista del editor, por lo que éste declina toda responsabilidad al respecto.

BookSide Press
877-741-8091
www.booksidepress.com
orders@booksidepress.com

Contenido

Introducción	1
Capítulo Uno: ¿Qué es un buen vecino?	4
Capítulo Dos: ¿Quieres ser mi vecino?	9
Capítulo Tres: El Buen Vecino: El Buen Samaritano	16
Capítulo Cuatro: Nuestro Vecino Televisivo, Mister Rogers	28
Capítulo Cinco: 12 Lecciones de Mister Rogers Sobre el Buen Vecino	35
Capítulo Seis: Jesucristo	41
Capítulo Siete: El Prójimo en la Biblia	50
Capítulo Ocho: Mister Rogers y Jesucristo: Los Vecinos Ingeniosos	63
Capítulo Nueve: ¿Y qué?	71

Dedicatoria:

A mi cuñado, Mike Buchner

INTRODUCCIÓN

Ama a tu prójimo como a ti mismo.

Esta cita básica de la Biblia ha quedado grabada en nuestras mentes y corazones durante mucho tiempo. Suena simple, pero es difícil de ejecutar. Admitámoslo. Con el paso de los años, la población se ha vuelto más diferente que igual. Somos polos opuestos pero nunca nos atraemos. Las personas más brillantes y ricas de este mundo crearon la tecnología y los nuevos avances para conectarnos, pero nos desconectamos aún más. El mundo creó una estructura organizada para la humanidad, pero hizo que la humanidad adquiriera ideologías e ideas que dividen en lugar de unir. Tenemos una lista interminable de diferencias: personalidad, carácter, antecedentes, raza, color, opiniones políticas, creencias religiosas e ideologías. La lista se hace más larga cada día, lo que me lleva a una conclusión: hay más razones para creer que *amar a nuestro prójimo como a uno mismo* se está convirtiendo en algo casi imposible.

Cuanto más avanzamos hacia el futuro, más compleja y complicada se vuelve esta directriz básica. A menudo debatimos sobre las diferencias más pequeñas, complicamos las pequeñas cosas y, a menudo, necesitamos validación de la corrección de nuestra postura. Queremos que nos den la razón. Tenemos sed de validación. Teniendo esto en cuenta, me inclino a creer que *amar al prójimo* es como una ecuación matemática que la mayoría de la gente no puede resolver. Y esa ecuación es cada día más difícil de resolver.

El lado positivo, sin embargo, es el hecho de que hubo personalidades que caminaron sobre la faz de esta tierra cuyas enseñanzas reavivan nuestra fe en la armonía de la humanidad. Cuando observamos la vida de cada uno de ellos, nos damos cuenta de que la aparente ecuación que nos divide no necesita una solución compleja. Estas personalidades tocaron muchas vidas e inspiraron a muchas almas al enderezar las piezas enredadas, dándonos la forma más simple de solución para *amar al prójimo*. Estas personalidades dejaron en la tierra un legado que sirvió de modelo para la forma en que debemos vivir nuestras vidas en la actualidad.

Este libro desvelará la vida y obra de dos personalidades que aportaron nuevas perspectivas dignas de ser estudiadas y vividas: el Sr. Fred Rogers y Jesucristo.

El Sr. Fred Rogers, comúnmente conocido como Mister Rogers en el programa de televisión estadounidense *"El Barrio de Mister Rogers"*, es presentador de televisión, autor y pastor. Durante más de 30 años, Mister Rogers cimentó una relación con millones de niños de todo el mundo con su concepto singularmente diferente de atraer a los niños mientras él se presenta como un vecino bueno y de confianza. Mister Rogers miraba directamente a la cámara mientras hablaba a su público y cantaba hermosas canciones con lecciones que llegaban al corazón de los niños. Su bondad, aceptación y empatía radicales crearon un lugar que, como describió TV Guide: *"... nos hace sentir seguros, cuidados y valorados, tanto a los jóvenes como a los mayores... Dondequiera que esté Mister Rogers, también está el santuario"*.

Jesucristo, por su parte, cambió el concepto de amor al introducir una forma de *amor radical*: amar a los pecadores, a los injustos y a los impíos, difundiendo el mensaje de *amar al prójimo* (sin importar quién sea) como camino que guía hacia la armonía y la salvación de los pecados. Jesús, llamado el "Mesías" o el Mensajero, nació hace más de 2000 años, y creó milagros que alteraron la ideología y parábolas que cambiaron la vida, que desviaron la dirección de las tradiciones de los viejos tiempos hacia una forma de amor más aceptante que finalmente le costó Su propia vida humana.

Ambas personalidades nos proporcionaron los mejores conceptos de buen prójimo anclados en el amor, el cuidado y la compasión, que influyeron en la vida de miles de millones de personas, y crearon una dirección nueva y perfecta para que la siguiera la generación actual.

Pero con el estado actual de nuestra generación -una generación llena de desinterés y diversidad de opiniones e ideologías, en la que cada persona lucha por el reconocimiento, el poder y la validación de lo correcto-, ¿cómo podemos ser guiados de vuelta al camino que conduce a una mejor síntesis de ideas y creencias? ¿Cómo podemos convertirnos en buenos vecinos de quienes se oponen a nuestras creencias? ¿Cómo podemos hacernos amigos de quienes a menudo discrepan de nuestras opiniones? ¿Cómo llegar a ser un buen vecino?

De esto trata este libro. Espero que cuando le des la vuelta a la última página de este libro, tú mismo te conviertas en un mejor vecino y te animes a compartir también este material con tus vecinos.

CAPÍTULO UNO

¿Qué es un buen vecino?

Ser un buen vecino es un arte que enriquece la vida.
- Gladys Taber

Al crecer, es probable que oigamos la palabra vecino en las conversaciones cotidianas. En esta ocasión, vamos a profundizar en la etimología y el significado de la palabra. La palabra vecino viene del latín vicinus, propiamente, habitante de un vicus (aldea) y el lexema o la raíz es "vecin". Este lexema representa la idea principal de la palabra, que se refiere a las personas que viven cerca o son residentes del mismo lugar.

Si hicieras una lista de tus vecinos, probablemente tendrías una larga lista. Pero si te digo que enumeras solo a tus "buenos vecinos", seguro que tu lista se acorta.

Los buenos vecinos son personas con las que compartiste buenos recuerdos y que te mostraron las mejores cualidades de un vecino. Estas personas crearon una gran percepción en tu mente: puede ser un amigo de la infancia, un vecino de al lado que compartía su comida contigo, ese compañero de clase tan simpático que te defendía de los matones o te ayudaba con tus proyectos escolares, o ese profesor amable y generoso que te animaba a hacerlo mejor. A través de ellos, nuestra mente ha impreso una imagen de buen vecino. A través de estas personas, tenemos una imagen personificada de un buen vecino. Para siempre, ocupan un espacio enorme que nos inspira continuamente por su desinterés y sus actos de bondad.

Definición de Prójimo

La palabra prójimo se define de muchas maneras con un pensamiento común. Lingüísticamente hablando, se define en tres partes de la oración: como sustantivo, como adjetivo y como verbo.

Según la definición de Merriam-Webster, la palabra vecino como sustantivo significa "uno situado cerca de otro". Como adjetivo, significa *"estar inmediatamente contiguo o relativamente cerca"*. Como verbo, significa *"colindar inmediatamente o estar relativamente cerca de"*. Pero la palabra vecino, como verbo intransitivo, significa *"asociarse de manera vecinal"*, y el término "vecinal" significa estar relacionado con un sentimiento de amabilidad y simpatía.

Estos términos y definiciones implican un elemento de distancia. Un vecino es alguien que está cerca de otra persona. Pero una vez que la palabra se utiliza como verbo intransitivo - una palabra de acción - entra en juego el "elemento adicional" fuerte y personal - que es la *amistad*.

Las Marcas de un Buen Vecino

Por lo tanto, un vecino verdadero, bueno e ingenioso no es solo alguien cercano en términos de distancia, sino alguien que te extiende su amistad y crea camaradería. Un buen vecino es alguien que te cuida y te ayuda sin pedirte nada a cambio. Vela por tu mejora y por tu seguridad. Con ello se crea una relación, y el buen vecino se esfuerza constantemente por hacerla crecer.

Permítanme compartir dos historias inspiradoras e intemporales que han causado sensación recientemente sobre vecinos ingeniosos. De este modo, pondremos el foco en las acciones realizadas por estos vecinos ingeniosos que los distinguen de los demás:

Tracy Emerick

La Historia de Quinn Waters

Readers Digest publicó esta inspiradora historia de un vecino ingenioso que cambió la vida de alguien: Quinn Waters ha visto muchas cosas duras en sus cortos tres años de vida. Así que cuando el niño de preescolar fue aislado en su casa como parte de su tratamiento contra el cáncer cerebral, su familia se preparó para ayudarle a soportar una desgarradora dificultad más. Pero entonces intervinieron los vecinos de Waters, que decidieron que, aunque no podían hacer nada contra el cáncer, sí podían entretener a Quinn. Al principio, se trataba solo de amigos cercanos que hacían tontos espectáculos de marionetas, malabares, canciones y juegos frente a la gran ventana, donde el pequeño observaba encantado.

Sin embargo, a medida que se corría la voz, cada vez acudía más gente, de la comunidad y de todo el país. Quinn, apodado "El Poderoso Quinn", y su familia han recibido ahora la visita de atletas, departamentos de policía, equipos de baile, e incluso tuvo su propio concierto privado de los Dropkick Murphys, todo ello desde su "quindow". "El hecho de que haya tantas malas noticias, ves algo así y todo el mundo quiere subirse al carro. Nadie quiere ver a un niño pequeño enfermo", dijo su padre, Jarlath Waters, a la cadena de televisión Fox. "Todas las personas que han aparecido han hecho maravillas por él".

Los vecinos ingeniosos, por tanto, cambian vidas. Van más allá del acto de vecindad habitual para convertir tus situaciones tristes en felices. Son tus hermanos y hermanas que no están emparentados contigo por afinidad pero muestran el mismo cariño fraternal.

La vida no siempre nos da lo bueno. Nos enfrentaremos a muchas realidades y situaciones duras, pero un vecino ingenioso estará a tu lado para aligerar esas situaciones. Te harán sentir mejor contigo mismo, sea cual sea la situación a la que te enfrentes.

¿No es increíble tener un vecino ingenioso?

La vecina de comestibles ingeniosa

Hay una tendencia reciente en las redes sociales de gente que paga la compra de sus vecinos. Una historia viral anónima dice: "Estaba en la cola de Aldi y a esta chica con dos niños pequeños delante de mí le rechazaron su tarjeta y parecía tan triste y dijo 'déjame llamar a mi marido muy rápido' y solo eran 18 dólares, así que pagué por ello, y ella fue muy dulce y luego, mientras se iba, la señora detrás de mí dijo 'Sabes que probablemente fue una estafa, ¿verdad? 18 dólares en el Aldi. Si me estás estafando por pollo Tyson, zumo de manzana y coliflor, quédate con mi dinero".

La actriz Ashley Westover se sintió tan conmovida por esta historia y decenas similares que publicó una recopilación en su Facebook con el recordatorio: "¡Haz el bien imprudentemente!". Como demuestran los cientos de comentarios, las historias han motivado desde entonces a muchos otros a pagar la compra de su vecino.

En esta historia, aprendemos que un vecino bueno y temerario reaviva nuestra fe en la humanidad. Cuando alguien lo necesita, otros podrían simplemente hacer la vista gorda, pero el corazón de un vecino ingenioso siempre encontrará la manera de aliviar la situación de los demás. El corazón de un vecino ingenioso siempre está en el lugar correcto.

¿Disneyworld o Comida para los Evacuados?

Las catástrofes naturales hacen que la gente dependa de sus vecinos como ninguna otra cosa, y los resultados pueden ser increíblemente conmovedores, como demuestra Jermaine Bell, de seis años. El niño había estado ahorrando dinero con su familia para un viaje de ensueño a Disneyworld cuando de repente se ordenó la evacuación de su vecindario antes de que el huracán Dorian azotara la ciudad de Carolina del Sur.

Inmediatamente, el niño de primer grado decidió que prefería utilizar el dinero que tanto le había costado ganar para ayudar a sus vecinos a huir de la tormenta que para unas vacaciones. Jermaine se paró junto a una carretera cercana a repartir cientos de patatas fritas, perritos calientes y botellas de agua a los evacuados. Incluso se detuvo a rezar con los vecinos que estaban asustados o preocupados. "Quería que tuvieran algo de comida para que pudieran disfrutar del trayecto hasta el lugar en el que se van a quedar", declaró al canal de noticias WJBF. "Quería ser generoso y vivir para dar".

Leer estas ingeniosas historias de vecinos nos trae la esperanza de que, a pesar de las cosas malas que ocurren a nuestro alrededor, vemos un rayo de luz de que es posible elevarnos unos a otros. En medio de todo esto, las historias de buenos vecinos encienden continuamente la luz en nuestras vidas.

Así que, compartámosla. Vivámosla. Es contagiosa.

La Búsqueda de un Buen Vecino

Permítanme plantearles un reto: ¿Hemos mostrado hoy el mismo acto de buena *vecindad* a alguien? ¿Hemos sido buenos vecinos?

Bueno, este libro está escrito para todos -jóvenes y mayores- porque tú y yo somos "vecinos ingeniosos *en progreso*". Y cuanto más escuchamos historias de vecinos buenos y astutos, más reavivamos nuestra esperanza en la humanidad. Cuando escuchamos estas historias reales de vecinos ingeniosos, nos damos cuenta de que es posible personificar las cualidades de un buen vecino. Pero creo firmemente que, para lograrlo, debemos fijarnos en el estándar más elevado de vecino ingenioso, que solo podemos encontrar en Mister Rogers y Jesucristo.

Cuanto más estudiemos a esas dos personalidades en este libro, más nos acercaremos a su buena naturaleza y, con suerte, personificaremos sus buenas obras, como nuestro paso inicial para desarrollar la persona del buen *vecino*.

A medida que avancemos por las páginas de este libro, espero que personifiquemos a los vecinos ingeniosos cuyas vidas expondremos en este libro.

CAPÍTULO DOS

¿Quieres ser mi vecino?

*"Es un día en este vecindario, Un hermoso día para un vecino,
¿Serías mío? ¿Podrías ser mío?"*

El Sr. Fred Rogers o Mister Rogers en el famoso programa de televisión estadounidense *"Mister Rogers' Neighborhood"*, uno de los programas más longevos de la historia de la televisión, comienza su programa con una canción de invitación. Esta canción marca la apertura del programa:

*"Es un día en este vecindario,
Un hermoso día para un vecino,
¿Serías mío?
¿Podrías ser mío?*

*Es un día de vecindad en este hermoso bosque,
Un día vecinal para una belleza,
¿Serías mío?
¿Podrías ser mío?
Siempre he querido tener un vecino como tú,
Siempre he querido vivir en un vecindario contigo".*

*Siempre he querido tener un vecino como tú
Siempre he querido vivir en un vecindario contigo*

Aprovechemos al máximo este hermoso día

Ya que estamos juntos, podríamos decir
Serías mi, podrías ser mi...
¿No serás mi vecino?

Son versos de la canción de apertura de El barrio de Mister Rogers, que se convirtió en un himno para muchos niños de todo el mundo desde los años 60 hasta los 90: un himno de invitación al programa que emociona a los niños y trae recuerdos a millones de personas. Interpretada en 870 episodios durante tres largas décadas, la canción captó la atención de los niños, invitándoles a convertirse en vecinos de Mister Rogers.

Siempre me impresiona la brillante forma en que Mister Rogers atrae a los espectadores, jóvenes y mayores, captándoles a través de una canción para invitarles con cada "visita". Los que han visto sus episodios conocen muy bien esta rutina: entra por una puerta con su abrigo y su corbata mientras Mister Rogers canta las primeras líneas de la canción. Se dirige a su armario y se pone el *jersey*. Se acerca al sofá y cambia sus zapatos de cuero por zapatillas de *deporte*. Termina la canción y empieza su historia.

Se sabe que *ponerse el jersey y las zapatillas* es la señal de la transformación de Fred Rogers en Mister Rogers. Pero para mí, hay un significado aún más profundo del que todos podemos aprender. En primer lugar, el "cambio de vestuario" establece el ambiente en un lugar más cómodo y tranquilo al cambiar su atuendo que dio una sensación de un ambiente acogedor y humilde. En segundo lugar, contribuyó sin duda al entretenimiento y despertó la curiosidad. Se cree que cuando alguien cuenta una historia y hay algún tipo de acción detrás, se duplica la atracción de la atención.

Pero más que la creación de un ambiente confortable o la captación de la atención de los espectadores, hay un tercer y más importante elemento en esta acción. El *hecho de ponerse el jersey y las zapatillas* da un fuerte simbolismo que está ligado al poder de persuasión de Mister Rogers.

Figura 1: Un sello muestra el retrato de Fred McFeely Rogers (1928-2003), serie Forever, 2018.

Dejar Nuestro Viejo yo y el Poder de la Persuasión

Me encantaría empezar este libro de la misma manera que Mister Rogers empezó su programa. Creo que el tercer simbolismo o mensaje importante que tienen *el jersey y las zapatillas* es el siguiente: independientemente de tu éxito personal, riqueza o situación económica, ser acogedor, invitador, humilde y amable son las bases necesarias para convertirse en un buen vecino.

Sin embargo, hay un cuarto significado de este simbolismo, que está ligado al tercero: Mister Rogers mezclaba dos elementos: el sentido del *mando y la autoridad* y el sentido de la *humildad y la amistad*, en conjunto. Analizando cómo comienza su narración, vemos combinados los grandes y nobles extremos de la personalidad de Mister Rogers. Sale por la puerta con su abrigo y su corbata, que simbolizan la confianza y la profesionalidad (mando y autoridad), y luego cambia su vestimenta por *un jersey y unas zapatillas* de deporte, que simbolizan esa personalidad cálida y relajada (humildad y amistad). Pero, de nuevo, el tercer simbolismo es el más poderoso de todos. El tercer simbolismo transmite un poderoso mensaje a sus espectadores que, en mi opinión, lo elevó a décadas de fama mundial: *Sea quien sea, soy un amigo, soy tu vecino, quiero que estés conmigo.*

Figura 2: Mister Rogers se pone su jersey marcando el inicio del programa, El barrio de Mister Rogers.

Aquí, nos damos cuenta de lo impactante que es ser uno con su público simplemente proporcionando señales visuales. Si bien es importante que nos escuchen, también lo es el *modo en que llevamos* a nuestros oyentes a escuchar. Cuando nos esforzamos por convertirnos en vecinos ingeniosos, *debemos ponernos nuestros propios jerseys y zapatillas*. Dejamos atrás nuestro estatus y nos convertimos en iguales con los demás.

Jesús También se Pone el Jersey y las Zapatillas

Esta entrada puede compararse con la de nuestro otro vecino ingenioso, Jesucristo. Jesús, como Mister Rogers, comienza su historia a través de lo que los cristianos creen que es la Divinidad transformada en vida humana. Estudiando el icono cristiano, Jesús, hizo su entrada al mundo de manera similar - Él tiene la más alta autoridad pero se pone un cuerpo humano para amplificar un mensaje al mundo: *Independientemente de quién sea, soy un amigo, soy un prójimo y quiero que estés conmigo.*

Es importante señalar que la entrada de Jesús en el mundo (según los criterios del mundo) fue realmente poco impresionante. Pero esa misma entrada poco impresionante le llevó a convertirse en el icono religioso más popular del mundo. No podemos negar que la entrada poco impresionante de Jesús en la *forma más pobre* fue la razón misma por la que el cristianismo es sin duda la religión más grande. Jesús nació de un pesebre, un lugar donde viven animales, para mostrar al mundo que Él es uno con los pobres, los menos privilegiados, los humildes y los desvalidos. Era hijo de un carpintero. Nació en la pequeña ciudad de Nazaret. Se crió en una ciudad pobre, con poco acceso al agua y a la agricultura, sin ninguna industria próspera. Era, literalmente, un territorio desconocido para el mundo.

Verás, Jesús se puso su *propio jersey y zapatillas* de deporte como Mister Rogers al principio de Su historia - una asombrosa muestra de humildad, empatía, amistad y calidez. Independientemente de quién es, se hizo igual a la gente. Esto, por sí solo, envía un fuerte mensaje al mundo y a nosotros, en nuestra búsqueda de convertirnos en vecinos ingeniosos.

Suéter y Zapatillas: Vestirnos con Nuestra Propia Crudeza

Mister Rogers y Jesucristo también quieren que nos pongamos nuestros propios *"jerseys y zapatillas de la vida"* mientras nos esforzamos por convertirnos en vecinos ingeniosos. Esto solo es posible cuando dejamos atrás nuestro viejo yo y nos vestimos con nuestro yo en bruto. Independientemente de la edad, el color, el estatus, las creencias, la capacidad financiera y social, debemos dejar atrás nuestro equipaje. ¿Cuál es ese equipaje?

Nuestra percepción jactanciosa de nosotros mismos, nuestra confianza en nuestros propios talentos, habilidades o capacidades es un equipaje que nos impide caminar por el sendero recto. Algunas personas piensan que la confianza en sus propias capacidades puede llevarles a un lado ventajoso, pero lo cierto es que no es así. De hecho, cuanto más introspección haces sobre tu percepción mundana de ti mismo, más cargas con ese equipaje que te impide caminar por la senda de convertirte en un vecino ingenioso. Nuestra percepción jactanciosa de nosotros mismos es un muro que divide en lugar de unir.

Cuando empezamos a hacer añicos ese muro cada día, empezamos a ver con claridad que somos más comunes que diferentes. Este es el primer paso para convertirse en un vecino ingenioso. El paso inicial es pensar menos en uno mismo y pensar más en los demás.

Ponernos *el jersey y las zapatillas* también nos enseña a dejar los títulos y los elogios y el estatus social que podamos tener. Nos enseña a ser acogedores con los demás, como nuestros vecinos ingeniosos, Mister Rogers y Jesucristo. La gran ventaja cuando nos ponemos nuestros *jerseys y zapatillas* de la vida es que ya no necesitamos esforzarnos tanto para atraer a la gente. La gente se siente naturalmente magnetizada hacia las personas reales, crudas y humildes sin intentarlo. El resultado es que nos hacemos uno con los demás, independientemente de quiénes sean. Nos volvemos más abiertos a la gente de color, a la gente de opiniones opuestas y a la gente de diferentes nacionalidades y religiones. Empezamos a coexistir. Cuando todos empezamos a humillarnos y a pensar que todos somos iguales -*que nadie está por encima de otro*-, automáticamente empezamos a transformar nuestros puntos de vista mentales y espirituales.

¿Te has encontrado alguna vez en una situación en la que no te apetece ser amigo de alguien? Nos sentimos incómodos o, lo que es peor, tendemos a prejuzgar a una persona basándonos en sus antecedentes o personalidad, color o disposición en la vida. ¿Tenemos un concepto tan elevado de nosotros mismos que ya no disfrutamos de los desvalidos, los angustiados y los necesitados?

Sea lo que sea lo que nos hace sentir incómodos a la hora de invitar a la gente a hablar con nosotros, o de dar la bienvenida a la gente a un vecindario, organización o grupo, hay una gran lección que podemos obtener de la canción de apertura del Barrio de Mister Rogers. En esa canción, mientras les animamos verbalmente a ser amigos, se nos enseña a ponernos nuestros propios *jerseys y zapatillas* al mismo tiempo. Dejemos nuestra percepción personal de nosotros mismos. Comencemos a ponernos la percepción de que todos somos iguales, iguales, hijos de Dios.

Cuando das el paso de llevar esa humildad, estás en camino de convertirte en un vecino ingenioso.

Así que, antes de pasar al siguiente capítulo, aprendamos a sacudirnos todo lo que conocemos de nosotros mismos: nuestros antecedentes, profesión, creencias, estatus y percepción mundana de nosotros mismos. Abramos juntos nuestras puertas y tomemos prestadas las palabras de Mister Rogers:

¿Quieres ser mi vecino?

CAPÍTULO TRES

El Buen Vecino: El Buen Samaritano

"Habéis oído que se dijo: 'Ama a tus amigos, odia a tus enemigos'. Pero ahora yo os digo: amad a vuestros enemigos y orad por los que os persiguen."

En nuestra búsqueda del carácter perfecto de un vecino ingenioso, nos fijamos en las muchas historias de bondad de la humanidad. Al fin y al cabo, un buen vecino es alguien que siente compasión por sus semejantes.

No tenemos que ir demasiado lejos: nuestros héroes modernos, como los hombres y mujeres del ejército que luchan contra las fuerzas del mal para defender nuestro país, también son nuestros vecinos ingeniosos. Aquellos médicos y enfermeras que arriesgaron sus vidas para ayudarnos a recuperarnos de la pandemia de COVID-19, hicieron gala de un heroísmo asombroso, y son considerados vecinos ingeniosos.

Durante la reciente pandemia, fuimos testigos del carácter de vecino ingenioso que llevamos dentro en un momento difícil: vimos a gente ayudando a gente, salvando vidas y luchando juntos. Vimos a la humanidad trabajando en los peores momentos del mundo. Sí, hemos perdido muchas vidas a causa del COVID-19, pero sin duda vimos el despliegue de humanidad que hay en cada uno de nosotros. Verdaderamente, una época extraordinaria.

El Buen Samaritano

Hay tantas historias que hablan de la bondad de la humanidad. Como ya he dicho, nosotros mismos hemos visto y oído estas historias. Pero en la historia de este mundo, hay una gran historia que a menudo se vuelve a contar.

De una generación a otra, estableció una norma de amor al prójimo y se convirtió en el modelo último e inspirador de la bondad de la humanidad. Esa historia, recogida en la Biblia, es la parábola del Buen Samaritano: la conmovedora historia de un hombre que tendió su mano a otro a pesar de su diferencia religiosa.

Antes de adentrarnos en esta historia, reconozcamos algunos hechos básicos de la época de Jesús para que podamos interpretar mejor esta narración intemporal. Espero que veamos esta historia desde un ángulo diferente, más allá de su historia de compasión y humanidad.

Jesús comenzó a narrar esta historia cuando estaba dando un ejemplo de cómo debemos amar a los demás, incluso a aquellos que pueden no ser nuestros amigos. En Mateo 5:43-47, Jesús se dirigió a sus discípulos: *"Habéis oído que se dijo: 'Ama a tus amigos, odia a tus enemigos'. Pero ahora yo os digo: Amad a vuestros enemigos y orad por los que os persiguen".* Jesús también dijo: *"Ama a tu prójimo como a ti mismo".*

Confundidos, sus discípulos confirmaron lo que quería decir con la palabra "prójimo". Fue entonces cuando relató la Parábola del Buen Samaritano (recogida en Lucas 10:25-37), para explicar que la gente debe amar a todo el mundo, incluidos sus enemigos. Jesús explicó que es fácil amar a los amigos y a la familia, pero es mucho más difícil amar a aquellos con los que no te llevas bien o incluso a aquellos que pueden hacerte daño o herirte. Jesús enseñó que mostrar amor a tus enemigos significaba amar de verdad de la misma manera que Cristo lo hizo.

Y así, Jesús narró la historia del Buen Samaritano que entonces sacudió los modos culturales durante aquellos tiempos. ¿Cómo sacudió esta historia las costumbres culturales de la época de Jesús?

Los Samaritanos y Otras Creencias

Debemos entender que los *Samaritanos* son un grupo de personas de Samaria. La tradición samaritana afirma que el grupo desciende de las tribus israelitas del norte que no fueron deportadas por el Imperio Neoasirio después de la destrucción del Reino de Israel. Los samaritanos creen que son la verdadera religión de los antiguos israelitas y consideran el judaísmo como una religión estrechamente relacionada pero alterada.

Figura 3: Samaritanos modernos. Tomada en Nablus, Israel - 4 de octubre de 2017: Samaritanos rezando en el monte Gerizim durante la festividad de Sucot.

En aquellos tiempos, los sistemas de creencias eran tan diversos y un tanto rígidos que uno no se identifica por sus atributos físicos o su raza, sino por sus creencias religiosas. La religión ha dividido fuertemente a la gente - entre judíos y samarios, y otras sectas religiosas. Como se escribe en Brittanica.com, en la Palestina judía, por ejemplo, había tres pequeños pero importantes partidos religiosos que diferían entre sí de varias maneras: los fariseos (que sumaban unos 6.000 en la época de Herodes), los esenios (unos 4.000) y los saduceos ("unos pocos hombres", según Flavio

Josefo, en Las *Antigüedades de los Judíos* 18.17). Un grupo mayoritariamente laico que tenía fama de ser los intérpretes más precisos de la ley, los fariseos, creía en la resurrección de los muertos. También se basaban en las "tradiciones de los padres" no bíblicas, algunas de las cuales hacían la ley más estricta mientras que otras la relajaban. Los esenios eran una secta más radical, con reglas extremadamente estrictas.

Estas diferentes creencias religiosas sobre la vida, la muerte, las escrituras y las interpretaciones de las leyes, dividieron profundamente a la nación en tiempos de Jesús. Como cada persona se identifica con su religión, no recibes ayuda de las "otras religiones" si yaces en el suelo sin vida. Así que pensemos en esto: si esta historia se contó en la época de Jesús, entonces la parábola es probablemente un "extraño reparto de personajes".

Además, los samaritanos odiaban recíprocamente a los judíos. De hecho, las tensiones entre ellos eran particularmente altas en las primeras décadas del siglo I porque los samaritanos habían profanado el Templo judío en Pascua con huesos humanos.

Sabiendo todo esto, veo a los samaritanos y a los judíos como elementos opuestos en un laboratorio científico que cuando se mezclan, seguramente explotan.

¿O alguna vez has visto una película con personajes confusos y las cosas no se mezclan? Terminas de ver toda la película y te das cuenta, esto no puede pasar en la vida real. Es simplemente absurdo. Y con esos personajes confusos involucrados en la historia, seguramente, Sus discípulos piensan de la misma manera.

¡Un samaritano ayudando a un judío es improbable! Porque una persona que yace indefensa y medio muerta en el suelo solo merecerá ayuda cuando sus antecedentes culturales o religiosos sean paralelos.

Pero Jesús dio una parábola fresca, fascinante y poderosa que golpeó las normas. Creó una perspectiva revolucionaria de la cultura de aquella época. Una historia sencilla que cambió el mundo para siempre.

La Parábola del Buen Samaritano

En la Parábola del Buen Samaritano, Jesús utiliza el ejemplo del judío y el samaritano, que normalmente no habrían sido amistosos entre sí. Tienen creencias religiosas opuestas y se consideran enemigos mortales. Sin embargo, de todos los que podrían haber ayudado al judío, solo el samaritano lo hizo.

Jesús cuenta que un hombre viajaba de Jerusalén a Jericó. En el camino fue atacado por ladrones, lo golpearon fuertemente y lo dejaron medio muerto en el camino. La primera persona que pasó junto al hombre aparentemente sin vida fue un sacerdote, que cruzó el camino, vio el cuerpo del hombre pero siguió caminando.

El segundo en pasar fue un levita, ayudante del sacerdote. El levita también cruzó el camino pero no ayudó al hombre, sino que siguió caminando.

Hasta que un samaritano fue la última persona en pasar. Pero cuando el samaritano vio al hombre, se apiadó de él. Allí mismo, lo vendó y le limpió las heridas. El samaritano lo subió a lomos de su asno y lo llevó a un posadero, al que pagó para que cuidara de él. El samaritano le dijo al posadero que lo cuidara y que volvería al cabo de dos días.

Figura 2: Ilustración de la parábola del buen samaritano.

La parábola termina con Jesús dando un mandamiento para salir y hacer lo mismo que había hecho el samaritano.

Sin embargo, es singular pensar que, de todos los personajes que Jesús podría haber utilizado para contar esta historia, utilizó intencionadamente personajes religiosos: samaritanos y judíos. También debemos tener en cuenta que los levitas son judíos varones miembros de un grupo de clanes de funcionarios religiosos del antiguo Israel a los que, al parecer, se otorgaba un estatus religioso especial. Los levitas de aquella época, por tanto, gozaban de un trato especial en su sociedad religiosa.

Convertir el Odio en Amor

La primera lección evidente de esta parábola no necesita una larga explicación: *Ama a tu prójimo como a ti mismo*. Cuando vemos a alguien que necesita ayuda, Jesús nos enseña a vernos reflejados en él o a ponernos en su lugar. Esa es la verdadera marca de un buen prójimo.

Pero vernos a nosotros mismos en la vida de los demás es difícil, sobre todo cuando estamos divididos. ¿Cómo podemos vernos en la vida de los demás si sus creencias o estatus contrastan con los nuestros?

En tu vida cotidiana, ¿te has enfrentado a alguna situación en la que optas por la apatía en lugar de preocuparte por evitar juicios o discusiones? Es como ver a una persona que sabes que te odia, así que haces la vista gorda y te alejas de la situación. Pero Jesús nos enseñó un enfoque diferente en la parábola: debemos acercarnos a nuestros enemigos y hacernos uno con ellos mostrándoles cuidado, compasión y, en última instancia, amor.

Sí, puede que tomen represalias o nos odien, pero Jesús enseñó esta historia para que se convirtiera en un camino de guía hacia la armonía: *convertir el odio en amor*. Cuando aprendemos a extender el amor a la gente, las perspectivas cambian. Y aunque no nos devuelvan lo mismo, Jesús sigue ordenando: "Ama a tu prójimo como a ti mismo".

Romper los Muros de la Religión Mediante el Amor

La segunda lección evidente de esta parábola es romper el muro de las diferencias religiosas y unirnos como hermanos y hermanas.

Jesús no solo habló de un determinado "hombre" u "hombres" en esta historia. Etiquetó a los personajes según su afiliación religiosa:

Judío, Levita y Samaritano. Jesús utilizó intencionadamente personajes religiosos para apuntar a su misión de permitir a la gente replantearse las fronteras culturales, unir las creencias religiosas y enseñar a todos el hecho de que, a pesar de las diferencias, *todos somos prójimos.*

En tiempos de Jesús, las sectas religiosas estaban muy preocupadas por las leyes de la religión. Se castigaba a quienes infringían las leyes religiosas. Pero cuando vino Jesús, se derrumbaron los muros que dividen a la humanidad. En su lugar, Jesús se centró en lo común que cada ser humano tiene - el AMOR.

Esta fue la razon por la que Jesus fue tan odiado por los lideres de la iglesia. Lo despreciaban por sus enseñanzas radicales que iban en contra de las leyes de sus iglesias. En medio de una época de odio religioso y persecución, las enseñanzas de Jesús rompieron los muros y finalmente liberaron la idea del amor, la unidad, la compasión, la humanidad y la unicidad. Jesús sabía que sería odiado por sus enseñanzas, pero tenía la misión de iluminar con la *luz del amor* al mundo acosado por las *oscuras leyes de la religión*.

Las Acciones del Samaritano

En la parábola, el samaritano realizó cuatro acciones inteligentes con el judío, de las que todos podemos aprender para convertirnos en buenos vecinos. Analicemos cada una de ellas, mientras nos esforzamos por personificar las acciones del buen samaritano.

Si nos fijamos en la parábola, había muchos niveles de acciones que realmente muestran a un vecino perfecto e ingenioso.

1. **Tuvo Piedad / Compasión por el Necesitado** - El primer verbo que podemos ver en la parábola del Samaritano fue

"piedad". El samaritano *sintió* la necesidad de ayudar al judío que yacía sin vida en el suelo. Esta fue su reacción inicial que le impulsó a la acción. Como humanos, todos tenemos una compasión innata por las personas que se encuentran en situaciones de desamparo. Sin embargo, Jesús nos enseñó a *no* quedarnos en ese estado de compasión. Debemos responder a ese sentimiento. La acción que realizamos después de ese sentimiento de compasión es lo que le importa a Él. El samaritano no solo se apiadó de la difícil situación del judío, sino que también elevó su compasión a la acción haciendo lo necesario para ayudar al judío.

¿Hemos respondido en acción al sentimiento de compasión que sentimos por nuestro prójimo? ¿O hemos sido como el levita que pasó de largo y nunca actuó ante los judíos sin vida?

2. **Véndale / Cuida tu vida** - Considerada como la primera acción después de su sentimiento de piedad, el samaritano vendó al judío. Esta es una muestra asombrosa de cuidado. Cuando uno venda un corte, es para asegurarse de que la sangre no salga de su cuerpo. Por lo tanto, esta acción del samaritano muestra que el samaritano se aseguró de que el judío viviera. Al vendarlo, significó extender la vida a otra vida. Esta acción realmente magnificó el cuidado del samaritano por su vida.

Reflexión: ¿Hemos conocido a personas a las que se les acaba la vida? Puede que no se les esté acabando la vida literalmente en un hospital, pero se han agotado demasiado para continuar con sus vidas; se sienten agotados para seguir adelante. La parábola nos enseña a tender la mano a quienes tienen la vida medio vacía. ¡Nuestro simple toque y cuidado por ellos podría aumentar sus líneas de vida!

3. **Limpió sus Heridas / Preocupación y Protección de la Vida -** Todos sabemos que las heridas pueden causar irritación y complicaciones cuando se dejan sucias. El Samaritano sabía que había un daño inminente que podría causarle al Judío peligro a su salud lo cual causó la acción del Samaritano de limpiar sus heridas. Esto magnifica la preocupación del Samaritano por la vida del Judío, y su acción fue para protegerlo alejando al Judío del daño.

   Reflexión: ¿Conocemos a alguien que esté en peligro o necesite nuestra protección? Esta acción del samaritano nos enseña a proteger a los que están en peligro. Cuando "limpiamos las heridas ajenas" simplemente estando atentos a las situaciones de los demás, estamos dando el primer paso para proteger la vida de nuestro prójimo.

4. **Ponerlo en la Parte de Atrás de su Burro / Prestar sus Posesiones -** Los burros son una posesión valiosa para los samaritanos. Pero en esta historia, el Samaritano uso su preciada posesion para ayudar al hombre sin vida. En esta acción, se nos enseña que hay posesiones que tenemos en nuestra vida que podemos usar para el beneficio de nuestro prójimo. Nuestras "cosas sencillas" pueden ser una fuente de vida para otros. Debemos dárselas a nuestros prójimos que tanto las necesitan.

   Reflexión: ¿Guardamos posesiones importantes que puedan ayudar a otras personas necesitadas? A veces, nuestras pequeñas cosas podrían significar el mundo para algunas personas. Ya puede suponer una gran diferencia en sus vidas. Aprendamos a extender nuestras posesiones, por muy importantes que sean para nosotros, a nuestros vecinos necesitados.

5. **Llevarlo a la Posadera / Dar tiempo -** Desde compadecerse hasta vendar los cortes y limpiar las heridas, el samaritano

hizo más de lo que cualquier buen hombre haría. Aún no había terminado. Llevó al judío al posadero. Pero hay otra lección que aprendemos de este acto de bondad del samaritano. Montar su preciado y lento burro hasta el posadero debió de requerir mucho tiempo y esfuerzo. Pero el samaritano ofreció su precioso tiempo. En esta parábola, Jesús nos enseñó no solo a prestar nuestras posesiones, sino también a prestar nuestro precioso tiempo.

Reflexiones: ¿En qué medida estamos dispuestos a dedicar nuestro tiempo a los demás?

Figura 3: Llegada del Buen Samaritano a la posada - Cuadro de la colección de libros de las Sagradas Escrituras, Antiguo y Nuevo Testamento, publicado en 1885, Stuttgart-Alemania. Dibujos de Gustave Dore.

6. **Pagó al Posadero / Generosidad -** El samaritano no dejó al judío hasta asegurarse de su seguridad. El samaritano da dos denarios -aproximadamente el salario de dos días- al posadero para pagar los gastos en que pudiera incurrir al atender al hombre; y se compromete a reembolsar al

posadero los gastos que superen los dos denarios. Imagínate esto: dos días de salario es lo que significaban los dos denarios para el samaritano, así que, aparte del tiempo que pasó cuidando al judío y prestando sus posesiones, sacrificó el dinero de dos días por el judío. Además, el samaritano se comprometió con el posadero a pagarle todo lo que le costara atender al hombre. Esta parábola magnifica el asombroso alcance de la generosidad del buen samaritano a pesar de sus diferencias religiosas.

Reflexiones: ¿Hemos mostrado generosidad con las personas que necesitan ayuda? ¿Estamos dispuestos a pagar al posadero para que nuestros enemigos necesitados tengan una vida mejor? Suena imposible, pero en verdad, éste es el tipo de amor que Jesús quiere que reflejemos y poseamos.

Ser más Como el Buen Samaritano y Menos como un Levita

En nuestros próximos debates, utilizaremos la historia del buen samaritano para explorar y descubrir las diversas características de un buen prójimo. En esta parte de nuestra exploración, aprenderemos que la compasión, el desinterés y la superación de las diferencias de creencias son la clave para convertirse en un buen vecino.

Esta historia enseña a las generaciones a amar a sus enemigos. Y cuando dice amar, es el amor que no solo se preocupa, sino que se extiende a ser *compasivo con ellos, protegerlos, echarles una mano, darles nuestro tiempo y ser generosos con ellos.*

Como comenté en la introducción de este libro, todos nos hemos dividido a causa de nuestras creencias religiosas, normas morales, opiniones políticas, etcétera. Esta generación está sedienta de validación y aprobación del mundo. En esta parábola, sin embargo, se nos enseña a sacudirnos eso de encima y a desprendernos de lo que sabemos de nosotros mismos.

¿Recuerdas al levita que pasó de largo y nunca se preocupó por el judío? Los levitas, como hemos aprendido, tienen un estatus religioso especial. Aprendemos, por tanto, que cuanto más nos aferramos a nuestro estatus social o a nuestros títulos mundanos, menos nos preocupamos por los necesitados. Nuestros títulos son un baluarte que, si no podemos sacudirnos, nos impide convertirnos en un vecino ingenioso.

Así pues, derribemos las barreras que nos separan de nuestros enemigos y, juntos, aprendamos de la historia de compasión de Jesús. De ese modo, encarnaremos el carácter del buen samaritano, el carácter de un vecino ingenioso. Así pues, pregúntate: ¿cómo puedo empezar a encarnar hoy el carácter del buen samaritano?

CAPÍTULO CUATRO
Nuestro Vecino Televisivo, Mister Rogers

"Me alegro de que podamos estar juntos otra vez".
- Mister Rogers

No hay programa en el mundo que pueda igualar la creatividad narrativa del famoso Fred Rogers. Con tres largas décadas en televisión, ha ganado fama mundial, cuatro premios Emmy y los galardones más prestigiosos de la industria televisiva. De hecho, *"El barrio de Mister Rogers"* es un programa que aún no ha sido rebatido.

Hay un nivel de deleite con un poco de sensibilidad en el programa que lo hace aún más interesante para los niños y las familias. El programa no solo entretiene, sino que habla a los niños de cómo procesar temas de peso, desde el racismo hasta el asesinato de Robert Kennedy. Aborda el divorcio, la muerte, la intolerancia racial y todas las demás realidades a las que los niños pueden enfrentarse en su vida. Esto hace que el programa sea aún más interesante, ya que "prepara a los niños" para convertirse en adultos con un montón de elementos divertidos.

Pero hay mucho que decir sobre la persona que está detrás de este popular programa. El genio que hay detrás es el mismísimo Mister Rogers, o el Sr. Fred Rogers en la vida real.

Nacido como Fred McFeely Rogers, Mister Rogers nació el 20 de marzo de 1928. Más conocido como Mister Rogers, fue presentador de televisión, autor, productor y ministro presbiteriano. Además de presentador, fue fundador, director y presentador del programa, que se emitió durante tres décadas, de 1968 a 2001.

Rogers nació en Latrobe, Pensilvania. Se licenció en música por el Rollins College en 1951. Se licenció en Divinidad por el Seminario Teológico de Pittsburgh en 1962 y se hizo ministro presbiteriano en 1963. Asistió a la Escuela de Postgrado de Desarrollo Infantil de la Universidad de Pittsburgh, donde comenzó su colaboración de 30 años con la psicóloga infantil Margaret McFarland, que más tarde se convirtió en su mentora y asesora de por vida en el programa, y cuya experiencia llevó a cabo en sus episodios.

Mister Rogers empezó su carrera televisiva en la NBC de Nueva York. Además de *El barrio de Mister Rogers*, también ayudó a desarrollar los programas infantiles The Children's Corner en 1955 para WQED en Pittsburgh y *Misterogers* en 1963 en Canadá para la Canadian Broadcasting Corporation. En 1968, regresó a Pittsburgh y adaptó el formato de su serie canadiense para crear *Mister Rogers' Neighborhood*. Ahí empezó todo para Rogers.

Premios y Reconocimientos

A partir de ese momento, el programa se emitió durante más de tres décadas, con un total de 33 años. El programa cosechó premios y reconocimientos por centrarse en las preocupaciones emocionales y físicas de los niños y por su forma de contar las historias de forma creativa y a la vez amable. El programa fue aplaudido por tratar temas que conectan con la vida de los niños y sus realidades: la rivalidad entre hermanos, la escolarización, el divorcio e incluso la muerte.

Aunque Rogers falleció de cáncer de estómago en 2003, a los 74 años, su legado perdura. Su trabajo en la televisión infantil ha sido ampliamente elogiado, y recibió más de 40 títulos honoríficos y varios premios, entre ellos la Medalla Presidencial de la Libertad en 2002 y un Emmy a la Trayectoria en 1997. En 1999 ingresó en el Salón de la Fama de la Televisión.

Además, Rogers influyó en muchos guionistas y productores de programas infantiles de televisión, y sus emisiones sirvieron de consuelo durante acontecimientos trágicos, incluso después de su muerte.

Fred Rogers y su Dedicación a los Niños

Fred Rogers dedicó su vida a comprender la infancia. Llevó ese conocimiento al medio de la televisión en su innovadora serie.

Durante más de 30 años, Mister Rogers cimentó una relación con millones de telespectadores, no solo niños, sino también familias. Cada episodio parecía una visita de Mister Rogers a un amigo de confianza. En su página web, MisterRogers.org, se dice: "Mister Rogers miraba directamente a la cámara y cantaba y hablaba con cada niño que lo veía. Su bondad, aceptación y empatía radicales crearon un lugar que, como describió TV Guide: '... nos hace sentir seguros, cuidados y valorados, tanto a los jóvenes como a los mayores... Donde esté Mister Rogers, también está el santuario'".

Figura 4: Winter Park, Florida -2022: Mister Rogers con Daniel Tiger y niños. "Un hermoso día para un vecino", escultura de 360 grados al aire libre en el Rollins College, obra del escultor británico Paul Day, dedicada a Mister Rogers.

Mister Rogers creó un espacio seguro para que los niños disfrutaran y, lo que es más importante, aprendieran valores importantes y la aceptación de las realidades de la vida, preparándoles para afrontar la pubertad o la adolescencia, y los mayores retos que les esperan. Mister Rogers hizo que todos los niños sintieran que eran suficientes. Sus famosas frases *"Solo hay una persona en todo el mundo como tú, y puedes gustarle a la gente solo porque eres tú"*.

El sitio web MisterRogers.org dice: "Con ese tipo de estímulo, podíamos controlar nuestros miedos y sentimientos, y estar dispuestos a probar cosas nuevas aunque pudiéramos fracasar. Su apoyo nos ayudó a convertirnos en adultos competentes, compasivos y cariñosos."

El Mensaje de Mister Rogers

El mensaje central de Mister Rogers puede verse en cada uno de sus episodios a través de sus debates, historias, canciones y rimas. Tenía un paquete completo lleno de ideas y lecciones interesantes para que los niños las recibieran y las vivieran. Pero, ¿cuál es el mensaje central del programa?

En su sitio web, MisterRogers.org, vemos los distintos mensajes que pretendía transmitir:

1. **Nos hace sentir bien con lo que somos.** Mister Rogers nos hacía sentir valorados y queridos. *"Solo hay una persona como tú en todo el mundo, y puedes gustarle a la gente solo porque eres tú"*. Con ese tipo de estímulo, podíamos controlar nuestros miedos y sentimientos, y estar dispuestos a probar cosas nuevas aunque pudiéramos fracasar. Su apoyo nos ayudó a convertirnos en adultos competentes, compasivos y solidarios.

Figura 5: Estatua de Mister Rogers en Pittsburg, Pensilvania

2. **Nos ayuda con nuestros sentimientos -** Mister Rogers ayudó a los niños a entender que los sentimientos, todo tipo de sentimientos, son naturales y normales. Los sentimientos forman parte del ser humano. Nos animó a hablar de nuestros

sentimientos para poder manejarlos, porque *"Todo lo que es mencionable puede ser más manejable"*. Y nos mostró algunas de las muchas maneras que tiene la gente de expresar sus sentimientos.
3. **Nos ayuda en nuestra relación con los demás -** En El barrio de Mister Rogers, todo el mundo era bienvenido y valorado. Mister Rogers nos ayudó a apreciar y respetar a los demás. Abría su puerta a todos y les invitaba cordialmente a compartir sus talentos e ideas. Nos mostró el poder de la amabilidad y la compasión: "Tú eres especial y todos los demás en este mundo también lo son".
4. **Nos ayuda a preguntarnos y a aprender -** Mister Rogers nos dio las herramientas para aprender durante toda la vida: el sentido del asombro, la curiosidad por el mundo que nos rodea y la voluntad de hacer preguntas. Su genuino interés por el mundo era contagioso. Todo lo que nos enseñaba nos animaba a mirar y escuchar con atención, a seguir intentándolo y a ver el mundo como un lugar maravilloso. *"Sabías que cuando te preguntas, estás aprendiendo"*.

Figura 5: La estrella de Mister Rogers en el Paseo de la Fama de Hollywood.

5. **Nos ayuda a estar preparados para nuevas experiencias** - *"Me gusta que me cuenten"*, cantaba Mister Rogers. Comprendía que las nuevas experiencias o los cambios de rutina pueden resultar abrumadores y asustar a los niños pequeños. Nos enseñó lo que podíamos esperar. Nos tranquilizó. Nos preparó para conocer y confiar en las personas que cuidarían de nosotros: el médico, el dentista, el barbero, el profesor.
6. **Nos hablaba con franqueza de temas difíciles.** Mister Rogers no tenía miedo de abordar temas difíciles. Desde el divorcio al asesinato, pasando por la muerte, hablaba honesta y abiertamente de temas de los que los adultos a menudo temían hablar, pero que los niños se preguntaban y preocupaban en silencio. Y estaba dispuesto a ayudar a los niños, y también a los adultos, a saber que hay cosas que nadie puede entender. *"Hay cosas que no entiendo"*.

Con los grandes mensajes de Mister Rogers y la forma en que cimentó su lugar en el corazón de los niños (que ahora son adultos), pudo compartir la bondad de su corazón e hizo que la vida de millones de niños fuera mejor y más fácil.

Una de las características de un buen vecino es su capacidad para cambiar la vida de los demás. De hecho, Mister Rogers no solo trajo entretenimiento que se quedó grabado en nuestras mentes y corazones, sino que los cambió.

CAPÍTULO CINCO

12 Lecciones de Mister Rogers Sobre el Buen Vecino

En el capítulo anterior, conocimos la contribución de nuestro ingenioso vecino, Mister Rogers, al desarrollo infantil en todo el mundo. Su pericia para comunicarse con los niños de forma eficaz, creativa e impactante, ha servido de referencia para generaciones de programas de televisión y de desarrollo infantil. En todos sus episodios, cada tema que exponía -las partes divertidas, sensibles y a la vez cercanas- aportaba perspectivas reveladoras a las mentes jóvenes.

Mister Rogers combinaba a la perfección los importantes factores físicos, mentales, espirituales y emocionales en sus historias, con suavidad, delicadeza y madurez. Sus creativas técnicas de narración siguen siendo inigualables hoy en día. Y con sus 30 años de experiencia, diseccionar sus maneras e intentar resumirlo todo es casi imposible. Hay demasiados consejos y lecciones que todo el mundo puede aprender en El barrio de Mister Rogers. Y El barrio de Mister Rogers es una obra maestra difícil de imitar.

Las 12 Lecciones del Buen Vecino

Pero en este capítulo, todavía nos esforzamos por descubrir cómo se hace la obra maestra, y qué elementos hacen del programa y del propio Mister Rogers la mejor pareja de todos.

He aquí las 12 Lecciones del Buen Vecino que, en mi opinión, son trozos importantes de la gran ración que sin duda merece la pena destacar. Esto es solo una punta *del iceberg*, pero creo que estos de alguna manera resumen perfectamente los impactos positivos de Mister Rogers en nuestras vidas que lo elevaron a convertirse en el vecino de televisión más inolvidable del mundo.

Adopto aquí el artículo escrito por Kelly Bryant y publicado en la página ReadersDigest.com:

1. *El conflicto es una parte natural de la comunidad*

Fred Rogers no intentó fingir que reunir a un grupo diverso de personas en un vecindario fuera fácil. De hecho, desde el principio, *El barrio de Mister Rogers* abordó las opiniones divergentes, como se señala en el documental *¿Quieres ser mi vecino?* Cuando el Rey Viernes XIII responde a los cambios en el Barrio de la Fantasía levantando un muro de alambre de espino, el vecindario se muestra preocupado y pacífico. Partiendo de un lugar de preocupación compasiva, las dos partes son capaces de llegar a una solución mutuamente beneficiosa.

2. *Sí, las personas con creencias diferentes pueden coexistir*

Mister Rogers utilizaba a menudo a su personaje, el Rey Viernes, como ejemplo de alguien cuyas fuertes creencias, miedos y acciones a veces inquietantes podían ser afrontadas con una comunicación pacífica. En una ocasión, los demás miembros del Barrio de Fantasía enviaron al frustrado rey mensajes en globo con sus propias preocupaciones y deseos. Cuando una de las partes intentaba comprender el punto de vista de la otra, se podían alcanzar resoluciones tranquilas.

3. *Recordar a los amigos su auténtico valor*

Mister Rogers siempre cerraba su programa recordando al público: "Me gustas tal y como eres". Era un mensaje importante para los niños, que a menudo se sienten diferentes o menos que sus compañeros y los adultos. En lugar de insistir en lo que podrían cambiar para ser "mejores" personas, el icono televisivo del jersey transmitía una sensación de paz y de quererse a uno mismo tal como es en ese momento. Inculcar esta sensación de confianza a los niños y a sus seres queridos es igual de importante hoy en día.

4. *Ama a tu prójimo y ámate a ti mismo*

A pesar de su formación como pastor presbiteriano, Mister Rogers no intentaba imponer una agenda específica a sus espectadores. Por el contrario, era un ejemplo glorioso de alguien que podía estar abierto a escuchar las opiniones de los demás sin desviarse de sus propios valores. Esta característica es sin duda algo que el mundo se beneficiaría de practicar hoy en día. Escuchar al otro "bando" no significa que tengas que renunciar a lo que crees, simplemente hace que tu mundo sea más diverso.

5. *Sé un buen oyente*

Mister Rogers no predicaba la capacidad de escuchar en el sentido típico, que para muchos podría significar simplemente estar callado para que otra persona pueda compartir información o decir lo que piensa. En cambio, animaba a prestar verdadera atención a lo que otra persona está diciendo. Escuchar no solo con los oídos, sino también con los ojos, el corazón y el alma. Las palabras significan muy poco si no estamos abiertos a comprender los sentimientos y pensamientos que hay detrás de ellas.

6. *Respondemos mejor cuando hay un intento de comprender*

El presentador de televisión era partidario de intentar comprender de corazón una opinión diferente antes de responder. Consideraba que el mero hecho de conocer en qué se basan los sentimientos de alguien puede hacer que los demás reaccionen con un mayor sentido de la atención y la racionalidad. En el mundo actual de réplicas y discusiones en las redes sociales, nunca ha habido mejor momento para practicar esta lección.

7. *Trata a todo el mundo con respeto*

Esta lección puede parecer una obviedad, el tipo de cosas que cualquier niño aprende en la guardería. Pero Rogers no se limitó a decirlo, sino que lo ilustró visualmente. En una época en la que a los negros no se les permitía bañarse en las mismas piscinas que a los blancos, Rogers, natural de Pittsburgh (Pensilvania), quiso mostrar su oposición a la segregación. Invitó al agente Clemmons, interpretado por el actor afroamericano François Scarborough Clemmons, a refrescarse junto a él en una piscina infantil durante un segmento. Todos estamos juntos en este gran mundo de locos.

"Cuando era niño y veía cosas aterradoras en las noticias, mi madre me decía: 'Busca a los que ayudan. Siempre encontrarás gente que ayuda'", decía Mister Rogers. Llevó esa conversación en el corazón hasta su fallecimiento en 2003, descansando en paz con la certeza de que todavía hay gente dispuesta a ayudar. Cuando consideres tu lugar en la comunidad, sé un ayudante.

8. *No temas hablar de las cosas difíciles*

Tras una breve ausencia de la televisión infantil, Mister Rogers regresó en los años 80 con una serie de programas que abordaban temas serios para los niños. Hablaba de temas espinosos, como la muerte y el divorcio, pero lo hacía de un modo cercano y no condescendiente. Mister Rogers abrió las vías de comunicación a niños que, de otro modo, no habrían tenido una salida para este tipo de conversaciones. Hoy en día, cuando los niños se enfrentan a multitud de retos externos, conviene recordar que sus emociones y sentimientos innatos son tan curiosos y delicados como siempre.

9. *Construir a las personas*

Mister Rogers era un gran partidario de infundir confianza en las personas, destacando sus mejores cualidades en lugar de criticar sus debilidades. Podía encontrar un punto de comprensión en casi todo el mundo. "Creo que los que intentan hacerte sentir menos de lo que eres son el mayor de los males", dijo en una entrevista publicada en *Won't You Be My Neighbor?* (¿No serás mi vecina?) Encuentra una conexión y ofrece apoyo a tus vecinos, con la esperanza de que ellos te lo devuelvan del mismo modo.

10. *Esperar y aceptar los errores*

Nadie es perfecto, ni siquiera el aparentemente maravilloso Mister Rogers. Él era muy consciente de ello, y por eso una de sus mayores lecciones para los espectadores era esperar y aceptar los errores. Al hacerlo, no solo aprendemos a ser menos duros con nosotros mismos, sino también con los demás. Abrazar las imperfecciones es una forma sencilla de sacarle más partido a la vida.

11. *Lo esencial en la vida es invisible a los ojos*

Durante un discurso público, Rogers parafraseó una cita popular de *El Principito*: que lo esencial en la vida es invisible a los ojos. "¿Qué es lo que cambia el mundo? "Lo único que realmente cambia el mundo es cuando alguien se hace a la idea de que el amor puede abundar y puede ser compartido".

12. *Tómate tiempo para pensar en alguien que te haya ayudado*

En un día ajetreado, es posible que agradezcamos de pasada a quienes nos rodean su ayuda o una palabra amable. Durante sus charlas, Mister Rogers pedía a menudo a su público que se tomara un minuto entero para pensar en alguien que le hubiera ayudado de verdad en la vida. Al hacerlo, puede que se les salten las lágrimas, se les dibuje una sonrisa en la cara o se les llene el corazón de calidez. Añadir esta sencilla práctica a la vida cotidiana no solo nos convierte en mejores vecinos, sino también en personas más agradecidas.

CAPÍTULO SEIS

Jesucristo

Jesucristo *(del nombre hebreo Yeshua)* nació entre el 4 a.C. y el 6 a.C., es decir, hace aproximadamente 2000 años. Es la personalidad más popular que jamás haya pisado la faz de este planeta debido a su marca indeleble en el sistema de creencias del mundo.

A diferencia de los reyes y señores de antaño, nuestro buen vecino Jesucristo tuvo un origen humilde. Nació de un pesebre, el lugar más pobre posible donde se podía nacer (un pesebre o abrevadero es un bastidor para el forraje, o una estructura o comedero que sirve para guardar la comida de los animales); nació en un pueblo casi desconocido para muchos -Jesús era, sin duda, provenía de lo pobre y ordinario. Los historiadores creen que Jesús pasó los años no registrados de su vida en su pueblo natal, trabajando con su padre como carpintero.

Figura 6: Nacimiento de Jesús - pintura ilustrativa de la iglesia de Milán, Milán, Italia.

Los Primeros Años de Jesús

Jesús comenzó su ministerio cuando tenía unos 30 años. Pero incluso siendo un niño, sus padres sabían que había algo especial en Él. Poseía un nivel diferente de madurez e inteligencia. Como está escrito en Lucas 2:41-45 (NVI):

> *Los padres de Jesús subían todos los años a Jerusalén para la fiesta de la Pascua. [42] Cuando cumplió doce años, fueron allá según era la costumbre. [43] Terminada la fiesta, emprendieron el viaje de regreso, pero el niño Jesús se había quedado en Jerusalén, sin que sus padres se dieran cuenta. [44] Ellos, pensando que él estaba entre el grupo de viajeros, hicieron un día de camino mientras lo buscaban entre los parientes y conocidos. [45] Al no*

encontrarlo, volvieron a Jerusalén en busca de él. ⁴⁶ Al cabo de tres días lo encontraron en el Templo, sentado entre los maestros, escuchándolos y haciéndoles preguntas. ⁴⁷ Todos los que le oían se asombraban de su inteligencia y de sus respuestas. ⁴⁸ Cuando lo vieron sus padres, se quedaron admirados.

  —Hijo, ¿por qué te has portado así con nosotros? —dijo su madre—. ¡Mira que tu padre y yo te hemos estado buscando angustiados! ⁴⁹ Él respondió: —¿Por qué me buscaban? ¿No sabían que tengo que estar ocupado en los asuntos de mi Padre? ⁵⁰ Pero ellos no entendieron lo que decía.

  ⁵¹ Así que Jesús bajó con sus padres a Nazaret y vivió sujeto a ellos. Y su madre conservaba todas estas cosas en el corazón. ⁵² Jesús siguió creciendo en sabiduría y estatura, y cada vez más gozaba del favor de Dios y de la gente.

El Comienzo del Ministerio de Jesús

  Jesús fundó su propio grupo de 12 discípulos compuesto por recaudadores de impuestos y pescadores. Sus discípulos, a saber: Pedro, Andrés, Santiago, Juan, Felipe, Bartolomé/Natanael, Mateo, Tomás, Santiago hijo de Alfeo, Simón el Zelote, Judas el Mayor y Judas Iscariote, son nombres que han estado estrechamente asociados con las enseñanzas de Jesús desde los primeros días del cristianismo.

  Como mencioné en mi otro libro *"Entrenadores consumados"*, Jesús conocía los riesgos que implicaba entrenar a sus discípulos. En primer lugar, sabía que sería ridiculizado por la selección de su propio "equipo", compuesto por pescadores, un recaudador de impuestos y algunos activistas. La gente no le creería por su elección de discípulos. Elegir solo a sus discípulos era un riesgo.

  En la Biblia, Jesús se arriesgó por el perdón de los pecados. Cuando Jesús empezó a predicar el evangelio, la gente se enfadó con él y querían que se tirara por un barranco. Está escrito en Lucas 4:29: *Se levantaron, lo expulsaron del pueblo y lo llevaron hasta la cumbre de la colina sobre la que estaba construido el pueblo, para tirarlo por el precipicio.*

Movimiento Radical de Cristo

En tiempos de Jesús, las leyes religiosas eran rígidas y estrictas. Había menos espacio para la libertad de expresión religiosa. Según Brittanica.com, el judaísmo, como la religión judía llegó a ser conocido en el siglo 1 CE, y se basó en la antigua religión israelita, que se muestra de muchas de sus características cananeas, pero con la adición de características importantes de Babilonia y Persia.

Los judíos se diferenciaban de otros pueblos del mundo antiguo porque creían que solo había un Dios. Al igual que otros pueblos, adoraban a su Dios con sacrificios de animales ofrecidos en un templo. Los judíos también creían que habían sido elegidos especialmente por el único Dios del universo para servirle y obedecer sus leyes. Aunque apartados de los demás pueblos, creían que Dios los llamaba a ser "luz para los gentiles" y a llevarlos a aceptar al Dios de Israel como el único Dios.

Los fariseos, un movimiento social judío durante la época de Jesús, eran conocidos como los "separados". Los fariseos seguían una estricta evitación de los gentiles, personas consideradas impuras, pecadores y judíos menos observantes de la ley. Las leyes eran muy importantes para los fariseos.

Los fariseos pretendían extender la práctica de su religión a la vida cotidiana de las personas. Estaban motivados por un celo por el judaísmo.

La base de su enseñanza no era solo la ley escrita (llamada Torá) y los profetas, sino también diversas tradiciones orales de observancias y prácticas detalladas que ellos mismos heredaron.

Los aspectos positivos de la labor de los fariseos eran: extendían la práctica de la religión más allá del templo, a la vida de la gente corriente; y deseaban recordar a la gente la presencia de Dios entre ellos y llamarles a responder a su presencia observando ciertas prácticas religiosas.

No es de extrañar que cuando Jesús realizó sus milagros y difundió sus parábolas y enseñanzas, los líderes religiosos pensaran que era una blasfemia y una violación de las leyes religiosas. Las enseñanzas y acciones de Jesús eran radicales. Jesús cuidaba a los enfermos, cenaba con los pecadores y hablaba con un recaudador de impuestos, una adúltera y las prostitutas. Era uno con los impuros y los juzgados.

Por lo tanto, las formas y enseñanzas de Jesús parecían haber provocado un movimiento radical en su tiempo. Él estaba cambiando el curso de la religión al enseñar la palabra de Dios, pero permitiendo el perdón y la misericordia anclados en el amor. Sus enseñanzas se convirtieron en lo que hoy solemos llamar un contenido "viral" a medida que las noticias se propagaban de pueblo en pueblo, levantando continuamente las cejas de los líderes religiosos que se sentían amenazados por su popularidad.

Figura 7: Ilustración pintada del siglo XVII de Jesucristo a los 12 años enseñando en el templo. Cuadro expuesto en la iglesia de San Nicolás de Bruselas (Bélgica).

Mientras Jesús se humillaba y se sentaba con los pobres y los enfermos, los fariseos ejercían una gran influencia sobre los demás judíos por su piedad y su saber. Hasta cierto punto, los fariseos mostraban actitudes nacionalistas y racistas hacia los extranjeros, mientras que Jesús acogió con los brazos abiertos a todas las razas, creencias y orígenes. Mientras los fariseos mantenían vivo un cierto sentido de identidad nacional y religiosa, Jesús solo se preocupaba de unas pocas cosas importantes: curar a los enfermos, perdonar a los pecadores y difundir la noticia del poder y la misericordia de Dios.

Mientras que los fariseos creían que no había esperanza para otras personas que estaban privadas de la ley, nuestro ingenioso vecino Jesús enseñó que hay esperanza para todos los que creen en el Hijo de Dios. Y mientras que los fariseos creen que solo los justos en Israel podría tener una participación en el mundo venidero, Jesús enseñó que la vida eterna es todo el mundo a través de la gracia de Cristo.

El Cristianismo Hoy

En la actualidad, Jesús tiene dos mil millones de seguidores, mientras que el cristianismo, la religión/creencia fundada por Jesús, sigue siendo la mayor religión del planeta. Según Lifeway Research, no solo está creciendo la religión en general, sino también el cristianismo en particular. Con una tasa de crecimiento del 1,17%, casi 2.560 millones de personas se identificarán como cristianas a mediados de 2022. Con esta tendencia al alza, se espera que en 2050 esa cifra supere los 3.330 millones.

Es innegable que el cristianismo es la religión o creencia más numerosa y grande del mundo. Si Mister Rogers tiene el programa *"El barrio de Mister Rogers",* nuestro otro vecino ingenioso, Jesucristo, tiene la Biblia, una recopilación de historias escritas por personas ungidas, que documentaron su vida y sus enseñanzas.

La Biblia, considerada la literatura guía para los cristianos, es el libro más vendido de todos los tiempos. *Wordsrated*.com recopiló las estadísticas bíblicas más precisas que nos permiten hacer una estimación de la influencia del cristianismo en la actualidad:

La Biblia representa una gran parte de las ventas e ingresos de libros religiosos. Para entender mejor su lugar en el mercado del libro, investigamos, analizamos y recopilamos 32 estadísticas de ventas de la Biblia que cubren todo, desde cuántas Biblias se venden, cuántas Biblias se imprimen y más.

¿Cuántas Biblias se imprimen cada año?

- Cada año se imprime una media de 100 millones de Biblias.
- Se calcula que actualmente se imprimen más de 6.000 millones de Biblias, un 140% más que los 2.500 millones de ejemplares impresos en 1975.

¿Cuántas Biblias se venden al año?

- El número medio de Biblias vendidas se ha más que duplicado en EE.UU. desde 1950:
    - 20 millones de Biblias vendidas cada año
    - 1,66 millones de Biblias vendidas al mes
    - 384.615 Biblias vendidas por semana
    - 54.945 Biblias vendidas cada día
    - 2.289 Biblias vendidas por hora
    - 38 Biblias vendidas por minuto
    - 6,4 Biblias vendidas cada 10 segundos

- Además de las Biblias vendidas, cada día se regalan o distribuyen otras 115.055 Biblias.
- En Estados Unidos se vende una cuarta parte de las nuevas Biblias impresas cada año.

Ingresos anuales por venta de Biblias

- Los ingresos anuales por ventas de Biblias ascienden aproximadamente a 430 millones de dólares en 2020.

- En el mundo actual existen más de 80.000 versiones diferentes de la Biblia que generan al menos 1 venta anual.

Ventas de Biblias por editor

- Gideon's vendió y distribuyó aproximadamente 100 biblias por minuto, o 59,5 millones, en 2016
- La versión de la biblia Good News vendió 18 millones de ejemplares solo en 1995
- La editorial bíblica Thomas Nelson se vendió por 473 millones de dólares en 2005
- Una editorial bíblica, Zondervan, cuenta con casi 400 versiones de la Biblia impresas y a la venta.

¿Cuántos libros hay en la Biblia?

- La Biblia protestante contiene 66 libros.
- Están divididos de varias maneras, pero la principal diferencia es entre el Antiguo Testamento y el Nuevo Testamento.
- El Antiguo Testamento trata de la vida antes del nacimiento de Jesús y de las profecías de su venida.
- El Nuevo Testamento trata del nacimiento, vida y muerte de Jesús.
- Hay 39 libros en el antiguo testamento.
- El Nuevo Testamento consta de 27 libros, divididos en las cartas de los líderes de la Iglesia y los cuatro Evangelios de Mateo, Marcos, Lucas y Juan.
- La Biblia consta de 1.189 capítulos y 31.173 versículos.
- En la Biblia católica, hay 73 libros - 46 en el antiguo testamento y 27 en el nuevo testamento.

Sin necesidad de elogios o premios, no se puede negar que, basándonos en las estadísticas o cifras anteriores, la popularidad, distribución y presencia mundial de la Biblia (¡también es el libro más traducido de todos los tiempos!) ningún libro podría superar su récord, jamás.

Enseñanzas de Jesús

Las enseñanzas de Jesús siguen siendo relevantes en nuestros días. De hecho, en nuestra vida cotidiana, Sus enseñanzas siguen rigiendo la tierra. Sirvieron como fundamento de las leyes de los Estados Unidos de América. Escribí esto en mi primer libro, *"Emprendedores Extremos: Steve Jobs y Jesucristo"* (puedes consultar el libro en Amazon.com).

"El rebelde, Jesucristo, inició una revolución entre los humanos que tardó casi mil ochocientos años en convertirse en el fundamento para gobernar al pueblo de los Estados Unidos. Su influencia es mundial, pero el único órgano de gobierno que se basa en sus enseñanzas centradas en la persona es Estados Unidos. Hoy en día, se estima que alrededor del 70% de la población estadounidense tiene algún tipo de conexión espiritual con Jesucristo, al identificarse como cristianos.

Jesús, el individuo, vivió como enseñó. Jesús, el mensajero de Dios, puso al individuo en el centro de la vida y pide que cada persona "ame a su prójimo como a sí mismo".

Las enseñanzas siempre relevantes y atemporales de Jesús no solo sirven como fundamento de las leyes, sino que también actúan como principio rector para crear leyes futuras. La armonía de la humanidad que Cristo trazó en Su plano, la Biblia, es una Palabra viva que aporta a las sociedades un cierto nivel de orden.

Cuando el amor se convierte en nuestra guía, hay vida.

El autor, educador y conferenciante estadounidense Stephen Covey dice: "Vive la ley del Amor". Fomentamos la obediencia a las leyes de la vida cuando vivimos las leyes del amor".

CAPÍTULO SIETE
El Prójimo en la Biblia

"Amarás a tu prójimo como a ti mismo". - Romanos 13:10

Ahora que tenemos una mejor perspectiva de lo que es un buen vecino gracias a las historias de Mister Rogers, veamos el otro espectro para tener una visión completa de 360 grados. En este capítulo, me gustaría que profundizáramos en lo que la Biblia tiene que decir sobre el prójimo. Responderemos a las preguntas ¿A quiénes se considera buen vecino - bíblicamente? Desde un punto de vista espiritual, ¿cómo podemos llegar a ser buenos vecinos?

Mientras nos esforzamos por descubrir las respuestas, echemos un vistazo a la Biblia, el mensaje de Jesucristo al mundo.

Si Mister Rogers comunica sus ideas y puntos de vista a través de su programa *"El barrio de Mister Rogers"*, galardonado y que invita a la reflexión, nuestro otro vecino ingenioso, Jesús, se comunica a través de la Biblia, el libro más vendido de todos los tiempos. Es, como aprendimos anteriormente, el libro más traducido del mundo y el bestseller de los bestsellers. Dado este récord alucinante e incomparable de la Biblia, nos parece importante ver también lo que la Biblia tiene que decir sobre ser un vecino ingenioso. Esto se debe a que la Biblia, a pesar de que proporciona una definición casi similar a las definiciones anteriores que hemos estudiado, todavía tiene un punto de vista diferente (los millennials y Gen Zs a menudo lo llaman POV en las redes sociales, por cierto, que utilizaré en los próximos capítulos).

Al final de este capítulo, descubriremos que la Biblia proporciona al mundo significados diferentes, únicos y completos de un prójimo, al referirse a "uno mismo". Vamos a descubrirlo.

Al igual que *El barrio de Mister Rogers*, la Biblia también aborda temas delicados escritos en un lenguaje sencillo. Y lo que es más importante, la Biblia aporta mensajes reveladores sobre cómo llegar a *ser un prójimo* que sirven de guía para la vida. Al igual que el programa de Fred Rogers, la Biblia también nos prepara para la vida que tenemos por delante, dándonos consejos y trucos para manejar diferentes situaciones desde un punto de vista espiritual.

Aquí, abramos nuestros corazones, y juntos, obtengamos una imagen clara del punto de vista de Jesús de un vecino ingenioso.

El prójimo en la Palabra

Vale la pena notar que la palabra "prójimo" fue mencionada en 163 instancias en la Biblia. Imagínate: ¡*ciento sesenta y tres veces!* De hecho, la Biblia tiene tanto que decir sobre el prójimo, dejando claro que nuestro prójimo ingenioso, Jesús, realmente dedicó mucho tiempo a enfatizar la importancia de ser un *prójimo ingenioso* en el evangelio. En Su predicación, ¿qué dice Él sobre el prójimo?

Romanos 13:8-10 y Marcos 12:30-31 lo resumen todo. Estos versículos nos dan una idea rápida y breve, pero profunda, de lo que es el prójimo bíblico. Estos versículos también serán nuestro principal tema de discusión.

En Romanos 13:8-10 (NVI):

(8) No tengan deudas pendientes con nadie a no ser la de amarse unos a otros. De hecho, quien ama al prójimo ha cumplido la Ley.

(9) Porque los mandamientos que dicen: «No cometas adulterio», «no mates», «no robes», «no codicies», y todos los demás mandamientos, se resumen en este precepto: «Ama a tu prójimo como a ti mismo».

(10) El amor no perjudica al prójimo. Así que el amor es el cumplimiento de la Ley.

En Marcos 12:30-31 (NVI):

(30) "Ama al Señor tu Dios con todo tu corazón, con toda tu alma, con toda tu mente y con todas tus fuerzas".
(31) El segundo es: "Ama a tu prójimo como a ti mismo".
No hay otro mandamiento más importante que estos.

Aprendiendo esto del Nuevo Testamento, *"amar al prójimo"* por lo tanto, es un camino para el cumplimiento de todos los mandamientos de Dios, según Jesús. En términos sencillos, es el ingrediente de todos los ingredientes, no solo la guinda de un pastel. Es el cumplimiento de la ley.

También veo esto de otra manera: En la universidad, aprendimos sobre los prerrequisitos de las asignaturas. Nos enseñaron que para que el estudio de la trigonometría tuviera sentido, primero debíamos dominar el álgebra y la geometría. Pero para que el álgebra tenga sentido, necesitamos fluidez en las matemáticas básicas: suma, resta, multiplicación y división. La misma noción se aplica a la regla de *amar al prójimo*. Debes aprender a amar a tu prójimo como a ti mismo porque esta regla de oro te elevará a seguir cada uno de los mandamientos escritos en el Antiguo Testamento.

¿Cuáles son esos mandamientos? En Romanos 13:8-10, Jesús hizo mención de algunos de los mandamientos, pero me gustaría que interpretáramos los mandamientos uno por uno, en nuestro esfuerzo por darnos cuenta de cómo *"amar al prójimo"* es fundamental para cumplir cada uno de ellos, y por qué *"amar al prójimo"* es uno de los dos mayores mandamientos.

Los 10 Mandamientos y un Vecino Ingenioso

Si creciste como cristiano, tal vez memorizaste estos Diez Mandamientos, escritos en Éxodo 20: 3-17. Como antecedente, esto sucedió cuando Dios eligió a Moisés para liberar a Su pueblo de la esclavitud en Egipto, abriendo el Mar Rojo para que los israelitas pudieran cruzarlo hacia la libertad.

Moisés condujo a los israelitas al monte Sinaí, donde Dios les dio los Diez Mandamientos y las demás leyes para vivir correctamente. También le proporcionó el plano para construir un Tabernáculo. En ese momento, Dios estaba formando una Nación Santa preparada para vivir para Él y servirle (lo que decepcionó a Moisés porque cuando volvió de la montaña, vio a la gente adorando ídolos, lo que hizo que las tablas se le cayeran de las manos y se rompieran).

Los 10 mandamientos dicen

1. *No tendrás otros dioses delante de mí.*

2. *No te harás ídolos.*

3. *No tomarás el nombre del Señor tu Dios en vano.*

   Estas tres primeras leyes eran muy importantes. Los israelitas las necesitaban para convertirse en una nación fuerte en medio de algunos grupos de personas que adoraban ídolos. Cumplir estas dos primeras leyes es jurar lealtad y obediencia al Único Dios.

   No nos gusta que nos insulten, ¿verdad? Es una falta de respeto. Este mandamiento nos recuerda que el nombre de Dios es sagrado y que solo debe usarse con reverencia.

   Algunas personas toman el nombre de Dios en vano porque otros lo están haciendo y nos encontramos diciendo estas palabras que deshonran a Dios. Puede echar raices en nuestros corazones y mente y empezar a decirlo y no darnos cuenta que lo hicimos.

   Estos primeros mandamientos hablan de la relación de los humanos con Dios (no de los humanos con sus vecinos), como se menciona en el primer gran mandamiento: *'Amarás al Señor tu Dios con todo tu corazón, y con toda tu alma, y con toda tu mente, y con todas tus fuerzas.'*

4. *Acuérdate del día de reposo y santifícalo.*

   En el Antiguo Testamento, esto significaba que no debían trabajar en sábado, pero lo llevaron demasiado lejos y no dejaban que la gente levantara algo pesado. Jesús cambió esto y dijo que debíamos guardar el día de reposo para adorar, recordar la creación y descansar para poder servir a Dios y a los demás. Esta parte de los mandamientos combina los dos grandes mandamientos juntos. Cuando recordamos el Sábado, es una muestra de amor a Dios. Cuando lo guardamos sagrado sirviendo a los demás, es una muestra de amor al prójimo.

5. *Honra a tu padre y a tu madre.*

   Honrar significa amar y respetar. Cuando uno honra a sus padres, es un símbolo de amor y respeto. Dios quería que los hogares fueran felices, por eso hizo de ésta una regla importante. El respeto es el carácter de un buen vecino.

6. *No matarás.*

   Dios se preocupa por cada vida humana. Cuando uno ama a su prójimo como a sí mismo, se traduce en que también se preocupa por la seguridad de la vida de su prójimo. La preocupación por la vida es un carácter de un prójimo ingenioso.

7. *No cometerás adulterio.*

   Esto significa que los maridos y las esposas deben ser fieles el uno al otro. El adulterio ha roto muchas familias, por eso, cuando uno ama de verdad a su prójimo, es naturalmente fiel a su pareja. La fidelidad es un carácter de un prójimo ingenioso.

8. *No robarás.*

   A nadie le está permitido tomar algo que pertenece a otro. No solo es la ley de Dios, sino que es la ley básica de la sociedad en la que vivimos. Hay cosas materiales que valoramos mucho en este mundo. Si amamos a nuestro prójimo como a nosotros mismos, aprendemos a sentir lo que sienten los demás cuando pierden sus posesiones importantes. Este mandamiento magnifica la empatía como característica importante de un prójimo ingenioso.

9. *No levantarás falso testimonio.*

Los mandamientos nos advierten de mentir o dar falso testimonio sobre nuestros vecinos. Contar historias falsas sobre nuestro prójimo inflige dolor a otro. Cuando amamos de verdad a nuestro prójimo, aprendemos a decir solo la verdad sobre él, aunque nos ponga en desventaja. La veracidad es una característica de un vecino ingenioso.

10. *No codiciarás la casa de tu prójimo.*

Codiciar significa querer algo que pertenece a otra persona. Una persona que codicia puede ser llevada a quebrantar casi todos los demás mandamientos. Amar al prójimo como a uno mismo significa alegrarse de la felicidad de los demás por sus éxitos o logros.

El Mandamiento Resumido

Todos estos mandamientos, según Jesús pueden resumirse en dos de los más grandes mandamientos: (1) *Amar a Dios con el corazón, la mente, el alma y las fuerzas;* (2) *Amar al prójimo como a uno mismo.* En estos dos mandamientos, lo común es el amor: amor a Dios y amor al prójimo.

Este *"Concepto del Gran Mandamiento"* traerá innatamente sabiduría espiritual y fuerza para guardar los 10 mandamientos de corazón.

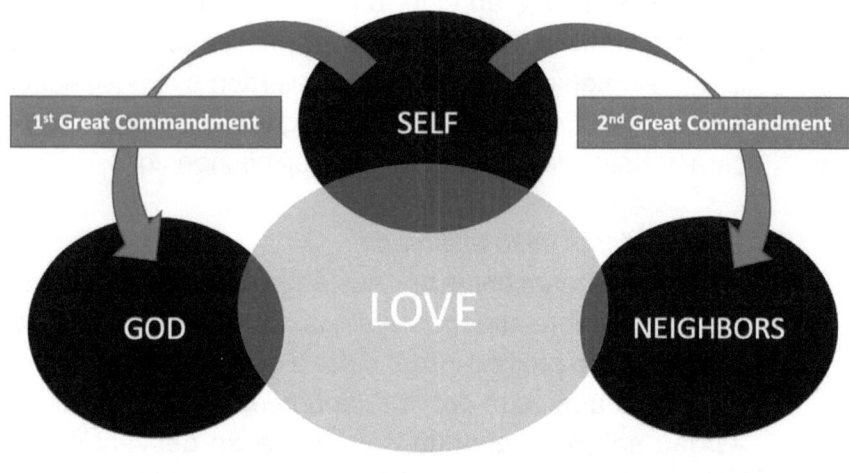

Figura 7. El Concepto del Gran Mandamiento muestra el "amor a Dios" y el "amor al prójimo" como sus fundamentos, anclados en el amor.

Por lo tanto, amar al prójimo como punto de partida nos proporcionará de forma natural la resistencia espiritual para no codiciar las pertenencias de los demás, no levantar falsos testimonios, no robar, no cometer adulterio y no matar. Cuando amamos a nuestro prójimo, también aprendemos a amar a nuestros padres. Así, el poder del mandamiento *"Amarás a tu prójimo"* posee la capacidad que engloba a los demás mandamientos, un fundamental para la obediencia - una luz guía que resulta en el cumplimiento de los mandamientos establecidos por Dios.

Amor y Prójimo

Recordemos el elemento importante que se adjunta a la palabra prójimo en este gran mandamiento (como se muestra en el Diagrama Conceptual del Gran Mandamiento) - y es el *amor*. Amor y Prójimo son las dos palabras más poderosas en este mandamiento, que cuando están unidas, traen un poderoso mensaje y definirán lo que es un buen prójimo.

Jesús, a lo largo de Su vida, habló del amor más que de cualquier otra cosa. El amor era el núcleo mismo de Sus mensajes. De hecho, fue odiado por ello, lo que resultó en su muerte en la cruz. ¿Cuál fue la causa del odio? Fue el mismo amor que le hizo cenar con los pecadores, los adúlteros, los ladrones y las personas más odiadas de la sociedad. Todo esto, por amor.

Jesús dijo: "No son los sanos los que necesitan médico, sino los enfermos. Pero id y aprended lo que esto significa: 'Misericordia quiero, no sacrificios'. Porque no he venido a llamar a justos, sino a pecadores".

Recuerda que aprendimos cuan rígidas eran las leyes religiosas como se discutió en los capítulos anteriores. Las leyes religiosas establecían una división entre la gente - los santos y los impíos, los justos y los pecadores, los transgresores de la ley contra los "limpios".

Para colmo de males, Jesús enseñó el evangelio con el ejemplo, lo que enfureció a los líderes religiosos: Jesús demostró que amar al prójimo no es solo amar a un determinado grupo de personas. Es inclusivo. No es elegir amar solo al prójimo santo, sino extenderlo a amar al prójimo no amable, espiritualmente enfermo. Jesús enseñó que debemos *amar al prójimo impuro, al prójimo injusto, al prójimo odioso, al prójimo injusto y al prójimo impío*. La enseñanza de Jesús fue abrir nuestros brazos y abrazar a aquellos que han pecado y están destituidos de la gloria de Dios - porque todos estamos destituidos. Ni uno solo está espiritualmente limpio.

En Romanos 3:23, Jesús enseñó: "Por cuanto todos pecaron, y están destituidos de la gloria de Dios". La justicia propia o el estatus social no nos acerca a la gloria de Dios.

Carácter de Vecino Ingenioso: La Historia de María Magdalena

Este mismo amor fue el que Jesús mostró cuando María Magdalena fue perseguida por sus vecinos. Juan 8 narra esta historia:

"Los maestros de la ley y los fariseos trajeron a una mujer sorprendida en adulterio. La hicieron ponerse de pie ante el grupo y le dijeron a Jesús: 'Maestro, esta mujer ha sido sorprendida en flagrante adulterio'. En la Ley, Moisés ordenaba apedrear a esas mujeres. ¿Qué dices tú? Esta pregunta les servía de trampa para acusarle.

Pero Jesús se inclinó y empezó a escribir en el suelo con el dedo. Como seguían preguntándole, se enderezó y les dijo: "Si alguno de vosotros está libre de pecado, que sea el primero en tirarle la piedra". Se inclinó de nuevo y escribió en el suelo.

Al oír esto, los que habían oído empezaron a marcharse de uno en uno, primero los mayores, hasta que quedó solo Jesús y la mujer de pie. Jesús se enderezó y le preguntó: "Mujer, ¿dónde están? Nadie te ha condenado -respondió ella-. Entonces yo tampoco te condeno a ti -dijo Jesús-. Vete y deja tu vida de pecado".

Esta historia me recuerda el tipo de prójimo que es Jesús. Este carácter de prójimo es exactamente lo que la Biblia quiere que seamos: un prójimo cuyo juicio se base *en el amor, no en el odio*.

Una historia de un pastor me conmovió profundamente, y la recuerdo: "Si quiero llegar a la luna, puedo intentar escalar la montaña más alta y alcanzar su cima. Cuando lo haga, estaré más alto que tú. Podría mirarte fijamente y sentirme más cerca de la luna que nadie porque estoy en un lugar más alto. Pero por mucho que intente alcanzar la luna, nunca tendré la capacidad de agarrarla con mis manos. Porque aunque yo tenga los mayores honores del mundo -las riquezas, las alabanzas, el alto estatus- ambos no podríamos alcanzar la luna igual".

Tu lugar en la sociedad no te garantiza la rectitud. No estás más cerca de Dios que esos injustos, pobres e impíos. Este mismo mensaje es el que resonaba en tiempos de Jesús cuando difundía la Palabra, recordándonos que debíamos ser humildes y unirnos a nuestro prójimo, independientemente de su pasado, sus antecedentes o su fe.

Ahora, respondamos a las preguntas que lanzamos al principio de este capítulo: ¿quiénes son considerados los vecinos ingeniosos basándonos en las normas de la Biblia? Basándonos en las palabras de Jesús, cualquiera puede ser un buen vecino cuando el amor se convierte en la luz que guía cada decisión y acción. Otro aspecto importante que nos enseña la Biblia es que los buenos vecinos en este mundo son aquellos que ven a los demás como iguales, independientemente de su raza, creencias y antecedentes.

Al igual que Mister Rogers, que expuso las lecciones de igualdad racial en la televisión nacional para enseñar a los niños pequeños que todos somos iguales, nosotros también necesitamos encarnar de memoria esta tolerancia racial (o cualquier tolerancia a las diferencias, para el caso) hacia los demás y hacer añicos las diferencias que tan a menudo bloquean el camino hacia unas relaciones más sanas y mejores.

¿Cómo podemos encarnar estas características?

Llamada a la Acción: Sé un Buen Vecino

Christian Health Ministries, una organización sin ánimo de lucro con sede en Ohio, publicó este inspirador resumen de las características del buen vecino y las formas de llegar a serlo. Lo he adoptado aquí:

He aquí las siete maneras de ser un buen vecino (lo que la Biblia nos enseña incluso a través de una pandemia.

Ser un buen vecino puede darse de un millón de maneras diferentes. Pregunte a algunos amigos cómo es ser un buen vecino y es probable que obtenga una docena de respuestas maravillosas, aunque diferentes. Esforzarse por ser un buen vecino en cualquier época del año, y mucho más durante una pandemia mundial, presenta tantas oportunidades como retos.

Es importante preguntarse: *¿Quién es mi prójimo? ¿Cuáles son mis responsabilidades como buen vecino? ¿Cómo conecto con los demás y les muestro la esperanza que tengo en Cristo?* Como cristianos, nos definen nuestras creencias y cómo vivimos nuestra fe ante los demás.

Esperamos que Dios nos enseñe y nos capacite para ser buenos vecinos de palabra y de obra.

Con nuestro mundo en un estado de incertidumbre, todos necesitamos un recordatorio de quiénes estamos llamados a ser. Junto con Moody Radio, volvimos a la Palabra de Dios para compartir algunas lecciones esenciales sobre cómo ser buenos vecinos. A lo largo de la Biblia, Dios continuamente presta atención a la postura (o corazón) del hombre antes de hablar de las acciones del hombre (Mt. 12:34b). Con este marco en mente, presentamos siete maneras en que la Biblia nos enseña a ser buenos vecinos en postura y en práctica.

Cuatro Posturas Bíblicas de un Buen Prójimo

1. *Amar a Dios primero*

"Ama al Señor tu Dios con todo tu corazón, con toda tu alma y con toda tu mente". Este es el primer y más grande mandamiento. Mateo 22:37-38 (NVI)

El punto de partida para ser un buen prójimo es amar a Dios con todo lo que somos. Las aplicaciones de este amor son infinitas, pero Él es el primer foco y destinatario de nuestro amor.

2. *Ama a tu prójimo como a ti mismo*

Jesús continúa hablando a los saduceos en Mateo 22:39 diciendo: "Y el segundo [mandamiento] es semejante: 'Ama a tu prójimo como a ti mismo'". Después de afirmar que el mandamiento más grande es amar a Dios, Jesús le dice a Su pueblo que su siguiente responsabilidad más grande es amar a su prójimo tan entrañablemente como se aman a sí mismos.

3. *Ama a tu prójimo como Cristo te amó*

Jesús ordena a su pueblo que ame a su prójimo como a sí mismo. En Juan 13:34-35, justo antes de la fiesta de la Pascua, antes de ser traicionado por Judas y posteriormente colgado en una cruz, Jesús eleva el amor que debemos tener por nuestro prójimo dando un nuevo mandamiento: "Amaos los unos a los otros. Como yo os he amado, amaos también vosotros los unos a los otros. En esto conocerán todos que sois mis discípulos, si os amáis unos a otros".

El mandato de Jesús de amar como Él nos amó se demuestra además en Juan 15: 13 (NVI): "Nadie tiene mayor amor que este: dar la vida por sus amigos".

4. Ser un buen samaritano

Esta última postura bíblica se basa en las dos primeras al responder a la pregunta: "¿Quién es mi prójimo?". Un experto en la ley le hace esta pregunta a Jesús en Lucas 10:25-37. Jesús le responde contándole la parábola del buen samaritano. Jesús responde contándole la parábola del buen samaritano. En la parábola, un samaritano despreciado ayuda a un judío herido al que tanto un sacerdote como un levita han decidido ignorar.

El samaritano venda las heridas del herido y lo lleva a una posada, donde paga para que lo sigan atendiendo. Jesús, al contar la parábola, cambia la pregunta del abogado de: "¿Quién es mi prójimo?" a: "¿Cuál de estos tres era un prójimo?". El abogado identifica correctamente al personaje menos probable, el samaritano, como el que mostró misericordia. Jesús le está diciendo al abogado que debe amar a todos los que encuentre con el mismo cuidado, misericordia y generosidad que mostró el samaritano.

Tres Prácticas Bíblicas de un Buen Vecino

1. *Ora por tus vecinos por su nombre (Santiago 5:16b, Mateo 6:5)*

    Ya sea por un compañero de trabajo, un amigo o el vecino de al lado, puede practicar ser un buen vecino orando por las personas que Dios ha puesto en su vida. Cuanto mejor conozca a su vecino, más específicamente podrá orar por él. Ora por su familia, su carrera y su salud. Pídele a Dios que los bendiga -física y espiritualmente- e incorpora Escrituras como Efesios 1:15-19 en tus oraciones.

2. *Pregunta y escucha (Lucas 3:10-11, Mateo 25:44-45, Filipenses 2:4)*

    Cuanto mejor conozcas a tu prójimo, más intencional será tu oración por él. Pregunta: ¿Cómo puedo orar por ti? ¿De qué manera necesitas aliento? ¿Compartirías conmigo lo que has estado pasando? Preguntas sencillas animan a otros a compartir sus historias y necesidades. Pide a Dios sabiduría para saber cuándo ofrecer palabras de vida y cuándo simplemente escuchar. Prepárate para emular al samaritano ofreciendo la misma compasión y disposición para atender con sacrificio las necesidades de tu prójimo.

3. *Responder (2 Cor. 9:6-8, 1 Tes. 5:11, Prov. 19:17, Gál. 6:2, Heb. 13:16)*

   El samaritano no se limitó a ofrecer su compasión al hombre herido; también atendió sus necesidades físicas. Tal vez no te corresponda atender todas las necesidades de tu prójimo, pero ofrecer simplemente una palabra edificante o un regalo tangible puede aliviar muchas penurias. Ya sea que ser un buen vecino signifique decir palabras de aliento o pagar un tanque de gasolina, recuerda las palabras de Jesús: "En verdad os digo que cuanto hicisteis a uno de estos hermanos míos más pequeños, a mí me lo hicisteis" (Mateo 25:40 NVI).

CAPÍTULO OCHO
Mister Rogers y Jesucristo: Los Vecinos Ingeniosos

Observando las vidas bien vividas de nuestros dos ingeniosos vecinos, vemos algunos importantes "denominadores comunes" de los que creo que podemos aprender y con los que podemos vivir. Sus vidas fueron los mejores ejemplos de vidas vividas en consecuencia, ancladas en virtudes, valores y elevadas normas morales. Su amor por la gente, sus interacciones y sus acciones conmovieron, motivaron e inspiraron muchas vidas.

Cuanto más miro las vidas de nuestras dos personalidades, Jesús y Mister Rogers, más veo una similitud que una diferencia. Mister Rogers encarnaba una actitud como la de Cristo siendo él mismo un ministro cristiano, y esta debe ser una de las razones por las que veo a Cristo en su vida. Mister Rogers encarna los valores de Cristo en sus episodios y es evidente.

Dejando a un lado la afiliación religiosa de Mister Rogers, y centrándonos en sus mensajes, podemos hacer varias conexiones con los aspectos buenos de sus vidas y llegar a una conclusión: que Jesús y Mister Rogers impactaron las vidas de las personas que los conocieron y lograron con éxito su misión individual en la vida.

Estas grandes características encarnan a nuestros dos vecinos ingeniosos:

1. *Sobre Romper las Barreras de Raza, Color, Origen*

El Sr. François Clemmons, estadounidense de raza negra, asumió el papel de policía residente en la serie. Al principio, dice, tenía aprensiones. "Crecí en el gueto, así que no tenía una opinión positiva de los policías. Me costaba mucho ponerme en ese papel, así que no me entusiasmaba nada convertirme en el agente Clemmons", dijo Clemmons en una entrevista televisiva.

Finalmente, Clemmons aceptó el papel y se convirtió en el primer hombre afroamericano en tener un papel recurrente en una serie de televisión infantil. "Hay niños negros viendo la serie que necesitaban una figura negra que no les defraudara", dijo.

Una de las apariciones más inolvidables del agente Clemmons fue en el episodio 195, emitido en mayo de 1969, cuando Mister Rogers le invitó a compartir con él una piscina infantil en un caluroso día de verano. Como se mencionó en el capítulo 5, este episodio se emitió durante la década de 1960, en la que existía segregación en las piscinas entre blancos y negros. En la escena, el oficial Clemmons dijo lo siguiente después de que Mister Rogers le invitara a sumergir los pies en la piscina: "Parece agradable, pero no tengo toalla ni nada". Mister Rogers respondió: "¡Podemos compartir la mía!". Los dos disfrutaron mojando los pies juntos en la misma pequeña piscina - un acto simbólico y humilde de Mister Rogers que rompió las barreras de raza y color, lo que demostró al mundo que todos somos iguales. Aparte de esto, Mister Rogers también cambió la perspectiva de la vida del Sr. Clemmons.

Jesús y la Biblia también comparten la misma idea y apoyo a la igualdad racial. Uno de los lideres de la iglesia primitiva, Pablo, escribio sobre las divisiones raciales que ocurrian en la epoca de Jesus.

En el siglo I d.C., era común asignar valores diferentes a las distintas razas y etnias. En un artículo de NewSpring Church, se dice: "Los extranjeros, las mujeres y los niños eran considerados generalmente como propiedad de los hombres cabeza de familia y de los gobernantes locales. Los extranjeros a menudo eran empleados en trabajos forzados (esclavitud para pagar deudas, como Jesús mencionó en Mateo 18:21-35), haciendo difícil o imposible vivir libremente.

En aquella época, una de las principales divisiones en la iglesia era entre judíos y gentiles. Algunos judíos que se habían unido al movimiento del cristianismo intentaban obligar a los creyentes no judíos (gentiles) a realizar rituales judíos. Argumentaban que para ser un buen cristiano, ellos también tenían que hacer todas las actividades religiosas judías correctas.

En lugar de decir a los cristianos que ignoraran la discriminación contra los gentiles, Pablo la abordó de frente: "No hay diferencia entre judíos y gentiles: el mismo Señor es Señor de todos y bendice abundantemente a todos los que le invocan" (Romanos 10:12).

Vemos que esto se repite más tarde, cuando Felipe, también líder de la Iglesia, ayuda a un eunuco etíope a comprender parte de la Biblia y a empezar a seguir a Jesús (Hechos 8:26-40). Otras personas no determinan nuestro valor; Dios lo hace".

2. *Sobre la Identidad y el Valor Propios*

Mister Rogers y Jesucristo nos hicieron sentir nuestro verdadero valor. Impulsaron nuestra fe en nosotros mismos y nos hicieron identificar quiénes somos realmente y de qué somos capaces: ¡de que somos capaces de cosas más grandes! ¡Somos valiosos a los ojos de la sociedad y de Dios!

Jesús enseñó el valor de cada persona a los ojos de Dios. Jesús enseñó que hace mucho tiempo, incluso antes de que Dios te creara y antes de que creara este universo, tú eras el centro de Su amor. En Efesios 1:4, "Él nos escogió en Él antes de la fundación del mundo, para que fuésemos santos y sin mancha delante de Él en amor" Jesús también enseñó que como alguien amado por Dios, tú también has sido escogido por Dios para "adopción como hijos por Jesucristo para Sí mismo" (Efesios 1:5 NVI). Esta adopción tuvo un alto precio, la muerte de Su Hijo. "Nos hizo aceptos en el Amado. En Él tenemos redención por Su sangre, el perdón de los pecados" (Efesios 1:6, 7 NVI).

Como persona amada por Dios y adoptada en su familia, puedes estar seguro de que Dios tiene un plan para tu vida: "En él también hemos obtenido herencia, siendo predestinados según el propósito de aquel que hace todas las cosas según el designio de su voluntad, para que nosotros, los que primero confiamos en Cristo, seamos para alabanza de su gloria" (Efesios 1:11, 12 NVI).

Mister Rogers también hacía que sus espectadores se sintieran valorados, que eran capaces de hacer lo que se proponían. En uno de los episodios de Mister Rogers titulado *"Feeling Good About Who We Are"* (Sentirse bien con lo que somos), mostraba un aro de hula hula e intentaba practicarlo hasta que era capaz de ejecutarlo. Al final del segmento, dijo unas palabras de despedida: "Me gustaría pensar en los niños que acaban de aprender a andar. No llevan sombreros mágicos, simplemente andan y se caen, y se levantan y vuelven a andar".

Y continuó: "De alguna manera, en nuestro interior, sabemos lo que somos capaces de hacer. Y seguimos intentándolo hasta que por fin aprendemos. Cuando haces eso con las cosas que puedes aprender, me siento muy orgulloso de ti".

Mister Rogers repite estas líneas, una y otra vez: "Has hecho de este día un día especial por el simple hecho de ser tú. No hay nadie en todo el mundo como tú, y me gustas tal y como eres".

3. *Sobre el Amor, la Amabilidad y la Bondad en General*

Muchos de los episodios de Mister Rogers hablaban de los valores de la bondad, la humildad, la paciencia, la perseverancia, el valor, el respeto, el trabajo duro. En sus 30 años en televisión, son demasiadas las grandes lecciones que podemos mencionar. Pero creo que la esencia misma de estos episodios y lecciones está más arraigada en la bondad y la amabilidad.

En un artículo del sitio web de The Gospel Coalition, se dice: En última instancia, Rogers tenía un objetivo humilde y aplaudible con su programa: crear una televisión que hiciera atractiva la bondad. A contracorriente de la programación infantil que a menudo glorificaba el cinismo, el infantilismo y otros malos comportamientos (por ejemplo*, Los Simpson, Rugrats*, gran parte de Nickelodeon, etc.), Rogers se comprometió sin paliativos a modelar la virtud, el respeto, el crecimiento y la madurez. No creía que la bondad tuviera que presentarse con un guiño. No encontraba ningún defecto en presentar una visión "vecinal" idealista, casi escatológica.

Jesús, en cambio, difundió la buena nueva a la humanidad difundiendo el amor a cada persona, la atención a los oprimidos, la compasión por los pobres y los enfermos, y la preocupación por los pecadores. Mostró misericordia a las voces desoídas y se convirtió en la voz del pueblo. En medio de la opresión de los líderes religiosos, se mantuvo firme y nunca vaciló en sus enseñanzas de amor. En sus últimos alientos, todavía "los mataba con bondad". Esta bondad se extendió incluso mientras se enfrentaba a la muerte por algo que no merecía.

Figura 8. Representación de la crucifixión y muerte de Jesús en el año 33 d.C.

Mientras lo crucificaban, dijo: "Padre, perdónalos, porque no saben lo que hacen" (Lucas 23:34). La declaración de su necesidad de perdón deja claro que eran culpables, a pesar de su ignorancia. Algunos pecados los cometemos voluntaria y rebeldemente; otros los ignoramos por completo. Qué amable fue Jesús al pedir perdón por los que le oprimían.

El mismo mensaje fue difundido por nuestro buen vecino, Mister Rogers. En su discurso, Fred Rogers dijo: "Mucha gente me ha preguntado si alguna vez me he enfadado, sí, por supuesto. Todo el mundo se enfada alguna vez. Lo importante es lo que hacemos ante el enfado que sentimos en la vida", con el ánimo de perdonar a quienes te han hecho daño.

En una canción, Mister Rogers comparte su buen corazón y su bondad enseñándonos a ser pacientes. Escribió la canción *"What Do You Do With The Mad That You Feel"* ("¿Qué haces con la rabia que sientes?") que cantó en uno de los episodios de su programa:

¿Qué haces con la rabia que sientes?
Compuesta e interpretada por Fred Rogers

¿Qué haces con la rabia que sientes?
¿Cuando te sientes tan enfadado que podrías morder?
Cuando el mundo entero parece estar tan mal...
¿Y nada de lo que haces parece estar bien?

¿Qué es lo que haces? ¿Golpeas un saco?
¿Golpeas arcilla o masa?
¿Reúnes a tus amigos para jugar a la mancha?
¿O a ver lo rápido que vas?

Es genial poder parar
Cuando has planeado algo que está mal
Y ser capaz de hacer otra cosa en su lugar
Y pensar en esta canción

Puedo parar cuando quiero
Puedo parar cuando quiera
Puedo parar, parar, parar cuando quiera
Y qué bien se siente sentirse así
Y saber que el sentimiento es realmente mío
Saber que hay algo muy dentro
Que nos ayuda a convertirnos en lo que podemos
Porque una niña puede ser algún día una mujer
Y un niño puede ser algún día un hombre.

4. Rompió las Barreras, Formó un Movimiento Radical

Hemos estudiado en los capítulos anteriores cómo Jesús formó un movimiento radical a través de sus enseñanzas. Nacido en una época en la que los líderes religiosos aplican normas estrictas y una rígida rectitud moral, las enseñanzas de Jesús se consideran fuera de la norma, al borde de lo risible y antagónicas. Era un inadaptado. Una clavija cuadrada en un todo redondo.

El mensaje de Jesús era una forma de protesta contra las tradiciones eclesiásticas sin protestar literalmente en voz alta y abierta. En cambio, utilizó sus milagros y parábolas con sus discípulos para mostrar su antagonismo con la estructura religiosa de la época. Introdujo una nueva forma de proceder: el perdón de los pecados y la aceptación de los pecadores en el reino de Dios.

Sí. El perdón fue una de las enseñanzas más importantes de Jesús que trajo consternación a los líderes religiosos. Jesús tenía varias historias sobre el perdón. Una de ellas está escrita en Mateo 6:14 que dice: "Porque si ustedes perdonan a otros cuando pecan contra ustedes, su Padre celestial también los perdonará".

Arrepentirse de los pecados y perdonar a los que hicieron mal como requisito previo al perdón del Padre fueron algunos de los principios básicos que Jesús enseñó. Esto hizo que los maestros religiosos pusieran el grito en el cielo. Esto se puede ver en una historia escrita en Marcos 9:1-8: Jesús subió a una barca, cruzó al otro lado y llegó a su propia ciudad. Unos hombres le trajeron un paralítico, tendido en una camilla. Al ver Jesús su fe, dijo al paralítico: "Anímate, hijo; tus pecados te son perdonados".

Al oír esto, algunos de los maestros de la Ley se dijeron: "¡Este blasfema!". Jesús, conociendo sus pensamientos, les dijo: "¿Por qué albergáis malos pensamientos en vuestros corazones? ¿Qué es más fácil: decir: Tus pecados te son perdonados, o decir: Levántate y anda?

Pero para que sepas que el Hijo del hombre tiene autoridad en la tierra para perdonar pecados..." Luego dijo al paralítico: "Levántate, toma tu camilla y vete a casa". Y el hombre se levantó y se fue a su casa. Al ver esto, la multitud se llenó de asombro y alabó a Dios, que había dado tal autoridad a los hombres.

La mentalidad y la perspectiva radicales de Jesús se convirtieron en fuente de angustia entre los dirigentes. Pero a pesar de ello, Jesús siguió adelante con su misión aunque le costara la vida.

Tanto Rogers como Jesús dejaron una huella indeleble en la historia al cambiar el curso del destino. Sin la mentalidad y las acciones radicales de Cristo, seguiríamos viviendo en las viejas costumbres de la tradición que castigan al pecador, no al pecado.

Sin las enseñanzas radicales de Rogers, millones de niños habrían vivido de otra manera, con intolerancia y falta de fundamentos infantiles de valores de amor y bondad.

¿Qué estás dispuesto a dejar ir para ayudar a los demás?

CAPÍTULO NUEVE

¿Y qué?

"Porque una niña puede ser algún día una mujer Y un niño puede ser algún día un hombre".
-Mister Rogers

Al escribir este libro, también me ha sorprendido cómo nuestros ingeniosos vecinos rompieron los muros de la división y abrieron las puertas del amor. Incluso al terminar este libro con este último capítulo, todavía no puedo comprender lo suficiente la clase de persona que son nuestros ingeniosos vecinos. Su bondad es demasiado profunda y su amor demasiado amplio. Sus vidas no pueden explicarse a fondo porque su impacto en el mundo creó millones de historias que superan nuestra capacidad de comprensión.

Creo que no todos los lectores comparten las mismas creencias religiosas o la misma fe que Mister Rogers, Jesucristo o yo mismo. Tenemos creencias y personalidades diversas. Pero recordemos y tengamos presente que *el amor y la bondad* son elementos que no requieren ningún criterio: ni edad, ni sexo, ni religión, ni condición. Todos podemos compartir *el amor y la bondad*, difundirlos y darlos a conocer al mundo, independientemente de nuestras distintas creencias. Esto es lo que puede unirnos.

Como escribí al principio de este libro, este mundo está dividido. Los medios de comunicación, la política, la religión... admitámoslo. Estos aspectos de nuestra sociedad contribuyeron a mejorarla, pero construyeron un muro entre nosotros que se ha endurecido con el paso de los años. Cada día somos más diferentes que iguales. La tecnología nos separó en lugar de unirnos. Aspiramos a la validación; aspiramos a ser reconocidos. Estos no son el tipo de valores que a nuestros ingeniosos vecinos les gustaría que siguiéramos.

Así que te reto a que des el primer paso. En lugar de centrarnos en nuestras diferencias, sigamos buscando puntos en común. Necesitamos las historias de Mister Rogers y Jesús para ver cómo sus historias se convirtieron en un instrumento de unidad y paz. Solo podemos estar unidos cuando nos atenemos a nuestro núcleo común: el amor. Las vidas de nuestros ingeniosos vecinos nos magnifican perfectamente el tipo de vida que deberíamos vivir conectados en el amor, la amabilidad, el respeto, la tolerancia, la aceptación y el aliento. Apoyándonos unos a otros. Levantándonos unos a otros. Motivándonos unos a otros. Inspirándonos unos a otros. Manteniéndonos mutuamente.

Empecemos por hacer algo bueno hoy a un amigo o vecino. Hagámosles sonreír. Alégrale el día. Ayudemos a un desconocido. Complementarles. Haz que se sientan valorados y queridos.

Espero que sus historias nos enseñen continuamente que podemos cambiarnos a nosotros mismos para mejor. Juntos podemos crear una sociedad radicalmente positiva. Incluso como adultos, hay muchas lecciones que podemos aprender de Mister Rogers y de Jesús. Todavía hoy podemos personificar estas lecciones en nuestras vidas. Sí, ¡comencemos hoy!

Recuerda lo que Jesús dijo en sus enseñanzas:

En ese momento los discípulos se acercaron a Jesús y preguntaron: —¿Quién es el más importante en el reino de los cielos? Él llamó a un niño y lo puso en medio de ellos. Entonces dijo: —Les aseguro que a menos que ustedes cambien y se vuelvan como niños, no entrarán en el reino de los cielos. (Mateo 18:1-3).

Cuando entrenamos nuestras mentes para que sean receptivas a las lecciones que se exponen en este libro -como la mente de un niño que siempre está dispuesta a explorar, a estar abierta y a ser receptiva- podemos alcanzar la mayor recompensa de Dios mismo. Si crees que no viene de Dios, bueno, la humanidad pronto recompensará tu humanidad.

Todos los días nos enfrentamos a diversos retos y dificultades que ponen a prueba nuestra fe, nuestra paciencia y nuestra humanidad. Pero aquí tienes un reto más. Pregúntate a ti mismo. Ahora que conozco a los dos vecinos ingeniosos:

¿Qué haría Mister Rogers? ¿Qué haría Jesús?

www.ingramcontent.com/pod-product-compliance
Lightning Source LLC
LaVergne TN
LVHW041541060526
838200LV00037B/1084